F

PROGRAMME

D'UN

COURS DE DROIT CIVIL FRANÇAIS.

IMPRIMERIE

De F. ALLIER,

Grand'Rue, cour de Chaulnes,

à GRENOBLE.

PROGRAMME

D'UN

COURS DE DROIT CIVIL FRANÇAIS,

PRÉCÉDÉ

D'une Introduction contenant des Notions abrégées sur l'histoire du
Droit romain et l'histoire du Droit français,

PAR M. BURDET,

PROFESSEUR A LA FACULTÉ DE DROIT DE GRENOBLE.

GRENOBLE.

CH. VELLOT ET Cᵉ, LIBRAIRES DE L'ACADÉMIE,
rue Lafayette, 14.

1843.

1844

Je publie, à l'exemple de plusieurs de mes collègues, les cahiers que j'ai rédigés, pour servir de programme au cours de Droit civil dont je suis chargé à la Faculté de Droit de Grenoble.

J'avais hésité quelque temps à prendre cette détermination, à raison du grand nombre d'ouvrages de ce genre qui existent déjà et qui m'avaient paru de nature à suffire à tous les besoins : mais l'expérience m'a convaincu qu'en fait d'ordre et de méthode pour l'instruction, chacun avait son cachet spécial et se pliait difficilement aux idées des autres.

L'enseignement du Droit d'ailleurs ne reste pas stationnaire : nulle science plus que celle-là n'a depuis quelques années aggrandi son domaine et étendu son horizon : le premier devoir du professeur est d'être toujours au niveau de ce développement intellectuel, et de hâter ses progrès en travaillant à y initier les nouvelles générations.

C'est dans ce dernier but et aussi pour déférer au vœu manifesté dans une récente circulaire par M. le

Ministre de l'instruction publique, que j'ai fait précéder le cours de Droit civil proprement dit de quelques notions générales de philosophie et d'histoire du Droit.

L'étude du Droit en France était bornée depuis fort longtemps à celle des institutions juridiques actuelles. On y joignait seulement la connaissance du Droit romain, considéré encore comme législation pratique : mais on ne s'appliquait que faiblement à rechercher comment ces institutions se rattachaient à celles des temps passés ou aux idées qui avaient été régnantes à certaines époques : la science intelligente des textes et l'habitude de les appliquer semblaient suffire à la destinée du jurisconsulte.

Il est vrai sans doute qu'une pareille science est beaucoup : des hommes qui passeront toujours pour des jurisconsultes du premier ordre, comme fut Pothier, ne semblent pas dans leurs meilleurs ouvrages en avoir cherché d'autres, et c'est toujours celle qu'il convient avant tout de tâcher d'acquérir.

On peut dire cependant que la voie qu'elle ouvre court le risque de rester un peu étroite et routinière : ce n'est pas assez pour connaître un bel édifice d'en parcourir l'intérieur et d'en scruter à fond tous les détails, il faut s'élever de manière à le dominer, si l'on veut se créer des vues d'ensemble, comprendre mieux les intentions qui ont présidé à sa formation, voir même de quel côté il penche et menace peut-être une ruine prochaine.

C'est à des considérations de cette nature qu'est due

l'alliance de jour en jour plus intime de l'étude du Droit avec celle de l'histoire et de la philosophie : en profitant de la vive lumière que projettent autour d'elles aujourd'hui surtout ces dernières sciences, on voit se former de loin les tendances qui ont imprimé au Droit sa constitution actuelle; on les apprécie avec le coup-d'œil tout à la fois du jurisconsulte et du publiciste. On a promptement l'intelligence de la direction donnée à l'enseignement et on s'attache à des travaux qui souvent rebutent par leur aridité, lorsqu'on est obligé de se traîner sur des détails dont on n'aperçoit ni le but ni la portée.

J'ai trouvé dans une foule de documents originaux, mis aujourd'hui à la portée de tous et dans les travaux de plusieurs savants qui feront l'honneur de notre époque, plus de science et d'érudition qu'il n'en fallait pour accomplir l'œuvre préliminaire que j'ai cru devoir entreprendre sous l'influence de ces pensées : l'embarras était seulement de mettre de l'ordre au milieu d'immenses détails, et d'en extraire ce qui était spécialement applicable à l'étude du Droit, en le rendant facilement accessible à tous.

Pour ce qui regarde la période romaine au-delà de laquelle il y aurait peu d'intérêt à remonter dans les temps antiques, les ouvrages de plusieurs professeurs allemands offraient non-seulement des matériaux, mais des modèles qu'il s'agissait seulement d'approprier à notre pays. C'est de chez eux surtout qu'est parti ce mouvement qui tend à éclairer l'étude du Droit par les connaissances historiques.

Pour la période moderne et nationale, la difficulté était beaucoup plus grande : j'ai trouvé cependant dans des documents fort divers, mais surtout dans les ouvrages de M. Guizot et dans un grand nombre d'articles publiés dans la *Revue de législation et de jurisprudence*, le fil auquel il m'a semblé que je pouvais le plus souvent me laisser conduire.

Je voudrais avoir réussi non-seulement à familiariser ceux qui se destinent à l'étude du Droit avec une foule de termes, de faits, de maximes qui doivent revenir souvent dans les explications postérieures, mais de plus à placer sous leurs yeux un vaste cadre dans lequel toutes les vicissitudes du Droit, combinées avec les évènements et les causes morales qui les dominent, viendraient successivement occuper la place qui leur appartient : de telle sorte que toute institution, dont ils pourraient plus tard avoir à s'occuper, serait de suite appréciée par eux suivant l'esprit et les tendances de l'époque à laquelle elle se rapporterait et les circonstances au milieu desquelles elle se serait produite.

Pour le cours de Droit civil proprement dit, j'ai rejeté la forme d'un commentaire sur chaque texte, malgré quelques avantages qu'elle semble d'abord offrir, pour m'attacher à celle d'une exposition doctrinale, concise et laissant à l'explication orale des leçons, le soin des développements nécessaires. Cette méthode est celle qui me paraît se prêter le mieux à faire fortement ressortir, dans chaque matière, l'enchaînement des idées fondé sur certaines relations entre des principes et des conséquences qu'on retrouve presque partout dans le Droit, et qui seul en fait une science susceptible d'un enseignement raisonné. C'est surtout par ce caractère scientifique qu'on peut distinguer un véritable ouvrage d'éléments de ces compositions mercenaires qui encombrent les abords des Facultés et qui ne présentant que des documents recueillis au hasard, et ne se liant point les uns aux autres ne peuvent que surcharger la mémoire d'un amas de connaissances confuses et non procurer une véritable instruction.

Mettant une grande importance à ce que ceux qui étudient ne se bornent pas à des notions purement superficielles, et ne se fassent pas illusion eux-mêmes sur l'intelligence qu'ils pourraient croire avoir acquise de l'esprit et de la portée des textes législatifs, j'ai fait suivre l'exposition des principes de l'indication de la plupart de difficultés d'application que l'expérience a révélées, et me bornant à en traiter quelques-unes, j'ai laissé les autres comme problèmes à résoudre : aucun travail n'est à mes yeux plus propre à exercer au métier de jurisconsulte pratique et à faire entrer profondément dans la connaissance de la législation.

Je dois à l'excellent ouvrage élémentaire de M. Demante, professeur à la Faculté de Droit de Paris, connu par d'incontestables succès, de m'en avoir fourni l'idée.

Je n'ai pas la pensée qu'ont voulu réaliser beaucoup d'auteurs de livres élémentaires comme celui que j'offre au public, de satisfaire à la fois les besoins

de l'école et ceux du barreau : le barreau doit apprécier sans doute les simples expositions de principes
et il trouverait de l'avantage à les méditer quelquefois :
mais vivant avant tout dans le monde des faits positifs et subissant à chaque instant les nécessités de
quelque situation nouvelle, il recherche de préférence
les œuvres qui lui présentent en foule les hypothèses
et les analogies avec les positions diverses que fait
naître le cours des choses et de la vie.

Or, dans ces discussions de fait, les principes per-
dent de leur évidence et de leur netteté pour les yeux
encore mal exercés : l'étudiant ne reconnaît plus au
milieu de longues dissertations sur le rôle que jouent
certaines circonstances, ce qui est le fond et la partie
essentielle d'une théorie ou ce qui n'en est au contraire que l'accessoire. Il a besoin, pour acquérir d'a-
bord l'instruction dont il doit être pourvu avant d'a-
border ainsi le champ de la pratique, d'un travail fait
pour lui et à son intention spéciale, et c'est à ce but
qui m'était indiqué par la nature de mes fonctions
que j'ai voulu me consacrer entièrement.

COURS

DE

DROIT CIVIL.

INTRODUCTION.

L'homme a été créé pour la société : ses besoins, ses instincts de conservation, les nobles pensées qui se révèlent en lui, tout l'indique.

Point de société sans rapports réglés entre les individus qui la composent, et sans un pouvoir extérieur capable de maintenir ces rapports.

Le Droit n'est autre chose que l'ensemble de ces rapports garantis par une autorité extérieure qui unissent les hommes vivant en société.

On comprend dès lors que le Droit soit, comme la société elle-même, un phénomène historique que l'on rencontre partout où des hommes vivent ensemble.

Le Droit n'embrasse pas tous les rapports qui sont la suite ordinaire de l'existence de la société, car l'homme n'est pas soumis, pour toutes ses obligations, à un pouvoir extérieur : de tout temps, nous le voyons aussi obéir à quelques pré-

ceptes de religion ou de morale pour lesquels chaque individu ne relève cependant que de lui-même. L'ensemble de
ces préceptes constitue la morale qui se lie ainsi de très-
près au Droit, qui se confond même avec lui, quand, comme
il arrive souvent, le pouvoir la place sous la sauvegarde de
son autorité, mais qui en diffère toutes les fois qu'elle
échappe à une surveillance extérieure.

Mais d'où vient le Droit? Comment s'établit-il? Est-il une
application pure et simple des règles absolues du juste et de
l'injuste?

Ce sont là des problèmes sur lesquels les données historiques peuvent jeter beaucoup de lumières, mais qu'elles ne
peuvent cependant résoudre d'une manière complète, parce
que l'histoire manque de documents certains sur les temps
où se place le berceau des sociétés.

Aussi, c'est la philosophie qui s'est toujours chargée de
venir en aide pour les résoudre par l'examen attentif de la
nature de l'homme et de la marche des destinées humaines.

Mais il lui est arrivé d'accumuler sur ce point, comme sur
d'autres, beaucoup d'erreurs contre lesquelles les idées que
le dix-neuvième siècle a fait prédominer ont victorieusement
protesté.

On avait accrédité l'opinion que la société et les institutions qui en dépendent n'étaient que le résultat d'un contrat
originaire entre des hommes vivant isolément, jouissant
d'une indépendance égale, et qui avaient simplement voulu
se rapprocher les uns des autres en réglant les bases de leur
union.

C'est là aujourd'hui une thèse abandonnée : on ne croit
plus que l'homme ait pu préexister à la société, et qu'il ait
jamais été dans le cas de délibérer sur sa formation; à toutes
les époques imaginables, l'homme s'est trouvé placé dans
un milieu social supérieur à lui, et dont on ne peut trouver
la raison qu'en remontant jusqu'à la puissance divine dont il
est l'ouvrage.

Nous nous bornerons sur ce point à citer l'un des plus élo-
quents interprètes des idées modernes, M. Troplong *(Traité
de la prescription*, t. i, p. 6.) :

« On ne saurait assez repousser l'erreur de ceux qui font
« résulter la société et toutes les institutions qui en dépen-
« dent d'un contrat originaire : il n'en est pas de plus dan-
« gereuse et de plus antisociale ; à quelque époque que
« l'histoire nous fasse connaître l'homme, dans quelque état
« de décadence qu'elle nous le montre abaissé, toujours et
« partout nous trouvons la famille constituée, la propriété
« reconnue, le gouvernement établi, la société préexis-
« tante ; croire que l'homme a pu subsister pendant une
« période plus ou moins longue hors de la société, c'est
« comme si l'on croyait qu'il a pu vivre sans les facultés
« physiques nécessaires à son existence animale ; l'homme,
« essentiellement social, n'a d'existence possible que dans
« la société : *il ne peut être entendu*, comme le dit M. Nié-
« burh, *que comme né dans l'Etat.* »

Nous admettons donc que la société, et par là même
le Droit qui en est l'accessoire obligé, est une institution
antérieure et supérieure à l'homme ; l'idée du Droit est
dans la nature et dans les conditions même de son existence.

Cette idée se retrouvant partout dans les sociétés humaines,
y a produit certains résultats qui se sont trouvés partout uniformes parce qu'ils reposaient aussi sur les tendances naturelles de l'espèce humaine.

On a compris ces premiers résultats sous le nom de Droit
naturel : ils embrassent tous les rapports qui ont pour but la
conservation au moins physique de l'individu et de la famille,
comme le droit de défense en cas d'attaque, la subordination
des enfants envers ceux qui leur ont donné le jour ; nous y ajouterons le droit qu'a l'individu ou la famille qui, la première, a occupé une chose que personne n'avait encore pos-
sédé, de s'en dire propriétaire, et de faire respecter sa possession.

Sur ces divers points, tous les hommes se sont toujours trouvés d'accord. Cet accord toutefois a des limites bornées et souvent même assez incertaines. Les jurisconsultes romains, à l'autorité desquels nous accordons volontiers de la déférence, ne croyaient pas que le Droit naturel allât dans ses résultats au-delà des effets produits par l'instinct chez les animaux, et ils étaient arrivés à en donner cette définition : *jus quod natura omnia animalia docuit*, entendant ainsi que toutes les autres applications du Droit fussent considérées comme une création et un bienfait de leurs propres institutions, et mettant une obstination jalouse à en refuser la participation à tous ceux qui ne faisaient pas partie de leur société.

Nous pensons que cette définition n'est pas assez en harmonie avec la nature raisonnable de l'homme, et que l'idée, innée du Droit, a dû produire chez lui des conséquences plus étendues que l'instinct. C'est là une circonstance, et ce ne sera pas la seule, où nous croyons pouvoir taxer d'un peu d'exagération les idées consacrées par la législation romaine que des motifs puissants, que nous ferons bientôt connaître, recommandent néanmoins toujours d'une manière spéciale à notre attention, et qui est encore l'objet d'un enseignement actuel dans les Facultés (1).

Il est vrai aussi que dans la suite de leur histoire, on voit que les Romains modifièrent les principes qu'ils avaient d'abord posés sur le Droit naturel, en admettant en dehors de leurs propres lois un *jus gentium* qu'ils définirent *jus quod*

---

(1) Les jurisconsultes romains, eux-mêmes, ne se faisaient pas illusion sur ce caractère spécial et excessif, dont se trouvaient empreintes surtout leurs institutions primitives : ainsi, à l'occasion de leur organisation de famille, que nous ferons connaître un peu plus loin, le jurisconsulte Gaius (Inst. 1, 55) n'hésite pas à dire : « Quod jus proprium est civium « romanorum : ferè enim nulli alii sunt homines qui talem in filios suos « habent potestatem qualem nos habemus. »

apud omnes gentes peræque custoditur, et d'après lequel ils reconnurent que beaucoup de règles qu'ils avaient jusques alors considérées comme leur étant exclusivement propres, se retrouvaient aussi sous une forme à peu près semblable chez les autres peuples civilisés, et qu'en entrant avec ces peuples dans des relations amicales, il fallait admettre qu'ils devaient profiter même chez eux du bienfait et de la protection de ces règles.

Les progrès de la civilisation chez les différents peuples y ont établi de plus en plus l'empire de ce Droit des gens : on est aujourd'hui disposé partout à reconnaître que l'homme peut exercer certains droits qu'il ne tient pas des institutions particulières d'un pays déterminé, mais qui paraissent, comme l'idée même du Droit, inhérentes à sa nature, comme le droit de posséder les choses mobilières et même immobilières, de les vendre, de les échanger, de former des alliances, et la qualité d'étranger dans un pays ne forme point ordinairement obstacle à ce qu'on fasse de pareils actes.

Mais si l'on sort des grands principes du Droit naturel, ou de ce qu'on appela plus tard et dans les époques de civilisation le Droit des gens, on voit que le Droit, livré dans son application au génie particulier des divers peuples, reçut les formes les plus diverses et les plus bizarres, et l'on peut s'étonner que l'homme, qui semble partout parti du même point et aspirer au même but, ait été conduit à prendre des voies si différentes.

C'est ici ce que l'on appelle le Droit civil ou propre à chaque cité ou société particulière. Quelquefois on rechercherait vainement les inspirations de justice, d'équité, de protection des intérêts de tous sur lesquelles il semblerait qu'on eût dû l'établir : partout où le flambeau des premières époques historiques peut nous faire pénétrer, nous ne voyons que trop souvent au contraire régner les institutions les plus oppressives, garanties par la sanction terrible d'un pouvoir extérieur.

Dans la famille, c'est le gouvernement patriarcal, c'est-à-dire la domination absolue du chef, l'annulation à peu près complète de la femme et des enfants, le pouvoir de vie et de mort donné au père pour faire respecter son autorité.

Qu'on ouvre nos plus anciens livres, la Bible, l'Iliade, les Antiquités romaines, la trace de ces idées s'y rencontre également : le sacrifice d'Abraham, celui d'Iphigénie par Agamemnon, celui des enfants de Brutus sont des faits du même ordre rapportés par les historiens sans aucune apparence de blâme, ce qui montre qu'ils étaient conformes à l'opinion du temps sur les pouvoirs établis.

Hors de la famille, une institution immense, établie partout, et signalée même comme appartenant au Droit des gens, à raison de son universalité (1), l'esclavage pesant sur la plus grande partie de la population réduite au rôle passif et humiliant de l'animal : voilà le commencement du Droit, et même bien plus que le commencement, puisqu'aux beaux temps de la république romaine et même de l'empire, il n'était point encore changé, et que cette terrible institution y régnait encore, sans qu'au milieu de toutes les lumières que la philosophie avait alors répandues dans le monde, une seule voix se fût encore élevée pour protester contre sa légitimité.

Le Droit, qui, en exprimant les rapports sociaux, ne peut que reproduire fidèlement l'image de la société sur laquelle il règne, ne saurait sans doute apparaître empreint des idées d'une justice absolue au milieu d'un régime aussi oppresseur : ce n'est que lorsque avec l'aide de quelques secours extérieurs, tels surtout qu'une révélation religieuse, une sage philosophie, les communications avec des peuples plus avancés, cette société est venue à modifier ses idées et à incliner vers des pensées plus douces et plus favorables au bonheur et au

(1) Gaius, inst. 1 § 52.

développement individuels, que par suite d'une réaction souvent insensible mais toujours inévitable le Droit arrive à paraître plus humain.

Cette marche du Droit s'observe partout, mais elle est loin d'être égale et d'aboutir partout aux mêmes résultats : une partie du monde gémit encore sous le poids des institutions oppressives qui signalent le début social, tandis que l'autre a plus ou moins progressé vers un état meilleur et plus civilisé.

On peut aussi observer dans cette marche du Droit qu'au début des sociétés les principes qui le constituent ne sont pas écrits et formulés; chaque peuple a sa coutume, établie par la tradition, qu'il reconnaît comme règle, sans qu'il s'en rende bien compte et qu'il exécute religieusement : il renferme dans son sein un pouvoir coercitif qui veille toujours très-durement à son exécution.

Ce n'est que quand les idées de civilisation commencent à naître, que les rapports devenant plus compliqués, des intérêts et des positions nouvelles venant à se révéler, on songe à rédiger par écrit les coutumes anciennes pour les fixer, prévenir les changements ou interprétations arbitraires et leur imprimer une certaine tendance. La coutume écrite se corrige ensuite et s'améliore sous l'empire des circonstances : la pensée primitive et nationale peut ainsi se modifier et s'altérer beaucoup par la suite des temps, sans toutefois qu'on la voie ordinairement disparaître d'une manière complète, au moins tant que le peuple se maintient dans sa force et dans son indépendance.

Ces considérations montrent toute la différence qui existe entre ces deux mots que le langage ordinaire emploie souvent comme synonimes, *le droit* et *l'équité*. L'équité est le type idéal que chacun peut se former, suivant les lumières de sa conscience et de sa raison, de ce qui est juste ou injuste d'une manière absolue, tandis que le droit exprime l'état fixe et arrêté par la coutume ou la législation écrite des rapports existants entre les membres de la société : état réglé par une foule de considérations très-indépendantes de l'équité, et qui peuvent souvent y paraître opposées comme cette institution de l'esclavage, fondement des législations antiques et que nous avons déjà citée (1).

C'est pour ne s'être pas assez pénétrés de ces vérités fondamentales qu'on a vu de bons esprits traiter quelquefois avec une grande sévérité les hommes qui ont concouru à mettre en jeu les institutions de certaines époques réputées barbares et oppressives. Souvent ces hommes s'étaient bornés à être les instruments d'un état de société qu'ils auraient vainement cherché à maîtriser et à plier à des idées qu'on considère aujourd'hui comme plus conformes au vœu de l'humanité : quelquefois même on a appliqué ces reproches à des époques qui, dans la marche générale d'une société, et en considérant son point de départ, furent certainement des temps d'amélioration et de progrès. On peut citer le moyen-âge en Europe, qui vit lentement disparaître les dernières traces de l'esclavage, qui fonda entre les citoyens des rapports mieux fixés, et par cela même moins arbitraires que ceux qui avaient précédé, qui fut enfin le précurseur nécessaire des temps de civilisation plus avancée dans lesquels nous avons le bonheur de vivre, et qui n'en a pas moins été l'objet de nombreuses et amères critiques. Il y prêtait sans doute, si l'on juge cette époque avec des idées absolues de justice ou d'équité, telles que nous pouvons nous les former aujourd'hui; mais en recherchant dans l'histoire comment le Droit d'alors, suivant pas à pas la marche de la société, était devenu ce qu'il était à ce moment, on aurait compris sa

(1) Ceci aidera à comprendre le sens profond de la demande que vinrent faire à François Ier les députés de la Savoie après la conquête que ce prince venait de faire de ce pays en 1515, pour qu'il voulut bien ordonner que justice fut rendue à ses nouveaux sujets *suivant les règles du droit et non suivant celles de l'équité.*

raison d'être, et en voyant ses progrès vers un avenir meilleur, qui ne furent peut-être jamais plus marqués, on aurait applaudi aux succès de l'humanité, au lieu de n'avoir pour les institutions alors vivantes que des paroles de blâme ou de mépris.

C'est toujours par une suite de la même erreur poussée, il est vrai, jusqu'à ses dernières limites, qu'on a vu des écrivains affirmer que le Droit devait ou pouvait être interprété par l'équité seule, puisqu'il n'était qu'une émanation de l'équité. Heureux sans doute les peuples où le Droit est parvenu à se confondre aux yeux de tous, avec la pensée d'une justice absolue. La France ne s'est certainement laissée dépasser par aucune autre nation dans cette voie, et un savant magistrat (1) a pu dire sans paraître trop s'aventurer, que l'équité était indigène dans nos lois. Mais tous ces compliments dont on a fait honneur à beaucoup de législations, n'empêchent pas qu'en France comme ailleurs, le Droit n'ait suivi, dans ses transformations successives, tous les progrès ou tous les mouvements qui se sont manifestés dans le corps social; aujourd'hui même, après avoir cru un moment que sa marche demeurerait fixée par un ensemble de codes, véritables monuments dus à un grand génie et à une réunion de circonstances heureuses, ne s'aperçoit-on pas que le nouvel état de la société appelle chaque jour de nouvelles et profondes modifications?

Dans tous les cas, si dans son état actuel le Droit paraît équitable, c'est un résultat heureux, mais ce n'est pas un moyen de rendre compte *à priori* des difficultés qu'il présente. Tout au plus pourrait-on dans quelques cas douteux et imprévus et dont la solution seraitindifférente à l'esprit de la législation, faire prévaloir des considérations d'équité pour arriver à une décision sur un cas particulier :

(1) M. Troplong.

mais pour interpréter et expliquer le Droit dans ce que peut présenter d'obscur son état présent, de simples vues d'équité conduiraient le plus souvent à fausser le véritable sens et à égarer celui qui s'exposerait à suivre une aussi vacillante lumière. Le seul moyen vrai et possible, est de considérer le Droit dans son origine, d'étudier ses variations successives qui ont enfin amené son état actuel, qui en rendent compte et constituent sa véritable raison d'être : voilà pourquoi l'étude des sources et notamment du Droit romain la principale de toutes, est mise sur la même ligne dans les Facultés que l'étude du Droit actuel. Voilà pourquoi les connaissances historiques sont, et aujourd'hui plus que jamais, considérées comme des auxiliaires indispensables de cette étude.

Il y a unanimité chez les maîtres de la science pour reconnaître ces vérités : on a pu douter quelquefois si dans l'état complexe qu'a créé surtout à la société française une civilisation avancée qui est le fruit de plusieurs siècles et qui a sa source dans des origines diverses, on devait faire prévaloir dans le Droit plutôt l'une de ces origines que les autres : tandis que quelques-uns ont proclamé le Droit des Romains comme le fondement à peu près unique de nos institutions juridiques, d'autres veulent trouver une place plus large pour le souvenir de nos anciennes traditions nationales, et pour les besoins de toute nature que révèle incessamment l'état présent de la société. Ils appellent l'action d'une sage philosophie qui, en influant sur la société elle-même, peut agir sur les lois qui la gouvernent. Chacun cherche ainsi à imprimer au Droit une impulsion spéciale que tolèrent sa nature variable et sa souplesse naturelle, mais aucun de ceux qui ont porté le titre de jurisconsultes n'imagina jamais d'abandonner le Droit pour l'explication de ses obscurités et de ses tendances aux simples inspirations que chacun peut recevoir de l'équité naturelle. Une telle doctrine n'est autre chose que la négation de toute science ;

c'est tout livrer au hasard et admettre dans une matière aussi grave les plus folles témérités.

De pareilles idées n'ont pu acquérir, même à certaines époques, quelque consistance que par leur rapport intime avec cette autre fausse doctrine, mise en crédit dans le xviiie siècle, qui préconisait l'hypothèse d'un contrat originaire considéré comme fondement de la société. Ceux qui croyaient que la société était une pure invention de l'homme pouvaient sans doute croire aussi que les institutions d'une société pouvaient en tout temps être jugées *à priori* et ramenées violemment à ce que paraissait exiger l'équité naturelle.

On put craindre un moment, dans la confusion qui suivit la grande révolution de 1789, qu'un pareil système ne parvint à dominer la législation elle-même. Il devait plaire en théorie à quelques rêveurs abstraits, tels qu'il pouvait s'en trouver alors dans les assemblées législatives ; mais, la force vitale des sociétés repousse ces idées, et les fait avorter quand elles tentent de s'introduire dans la pratique. La philosophie, à laquelle se rallient aujourd'hui tous les bons esprits, les a chassées même du domaine de l'intelligence, bien qu'on puisse leur attribuer encore quelques sectes éphémères qui se sont produites notamment en France, et qui, sous le voile d'une vaine équité naturelle, tendaient à porter dans l'ordre social la plus complète désorganisation, comme le Saint-Simonisme, le Fourriérisme, le Communisme et autres utopies dangereuses.

Nous terminerons sur ce point par une citation empruntée à un auteur qu'avouent les idées modernes, M. de Savigny, professeur à l'Université de Berlin : « Un peuple, en tout « état mais surtout à l'égard de son droit civil, n'est point « une individualité accidentelle, mais une individualité es- « sentielle, nécessaire, commandée par tout son passé, et, « par conséquent, la recherche d'un Droit commun est aussi « folle que la recherche d'une langue générale qui rem-

« placerait toutes les langues actuellement vivantes. »

Cette dernière pensée montre tout ce qu'a de vain l'équité naturelle considérée comme seule arbitre du Droit, puisqu'elle serait exclusive des nationalités distinctes, et qu'elle conduirait évidemment à ce Droit commun, qui est une chimère ; elle manifeste aussi une analogie frappante entre le Droit et la littérature. Il y a un Droit national comme il y a une langue et une littérature nationales, et il ne serait pas plus possible d'expliquer le Droit par la seule équité que de parler et d'écrire correctement une langue, si l'on n'avait dans la connaissance de ses origines la racine et l'explication de chaque mot qu'elle emploie.

Nous avons donné quelques développements à nos pensées sur ce point, parce qu'elles ont, au début de l'étude du Droit, une véritable importance : il y a sur la nécessité de remonter aux sources des préjugés fâcheusement répandus et qui peuvent laisser des impressions que nous croyons utile de combattre dès-à-présent, et que nous trouverons l'occasion de combattre encore.

Reprenant maintenant les idées que nous exposions sur la marche générale du Droit dans le monde, nous chercherons à voir de plus près cette marche, en nous servant des documents de l'histoire et en les appliquant à des peuples déterminés. Nous sommes ici naturellement conduits à porter notre attention sur les nations les plus brillantes et les mieux connues de l'antiquité, la Grèce et Rome ; nous ne parlerons pas des Hébreux qui, bien que très-remarquables sous le rapport de leur législation, se trouvèrent toujours dans des circonstances exceptionnelles qui en formèrent un peuple à part.

La Grèce est le premier état connu dans l'antiquité, qui nous présente le spectacle d'une législation écrite remplaçant des coutumes barbares, et parvenue par des réformes successives à une perfection remarquable : elle fut, suivant toute apparence, inspirée des traditions de l'Orient dont les splendeurs inconnues échappent à nos investigations.

Elle eut aussi les travaux de ses philosophes dont les ouvrages marquent sans nul doute un des efforts les plus heureux qu'ait jamais fait l'esprit humain.

Malheureusement elle disparut trop promptement devant une force étrangère; son peu d'importance comme Etat, sa courte existence, sa forme brisée et livrée à tous les déchirements, ne lui permirent pas de créer une législation digne en touts points de l'admiration des autres peuples : d'ailleurs le christianisme, dont l'influence sur les lois fut si grande, ne vint qu'après sa chute.

Rome qui l'absorba eut une bien plus longue carrière.

Elle débuta comme un peuple grossier : mais une foule de circonstances heureuses la portèrent ensuite à la tête du monde et de la civilisation.

Par sa position, elle recueillit les lumières qui brillaient dans la Grèce, et la philosophie grecque reçut même dans son sein ses plus beaux développements.

Son gouvernement fut toujours stable et victorieux contre l'étranger : dans l'intérieur il se développa un antagonisme entre diverses classes, qui fut pour sa législation une cause de progrès.

Enfin elle concentra les forces de l'humanité toute entière et fut éclairée de la lumière de la loi chrétienne.

Sous ces heureuses influences, les Romains ont élevé une législation monumentale parvenue par le cours des temps, et en passant par un grand nombre de phases successives à un haut degré d'excellence.

Sous l'empire surtout, et après la venue du christianisme, il se développa des idées de justice et d'égalité entre les hommes, jusqu'alors inconnues ; et, si ce temps ne fut pas celui où brilla le plus la liberté politique, il fut l'ère des plus grands jurisconsultes, et celle où le Droit acquit son apogée. Justinien, qui vint 500 ans après Jésus-Christ, n'eut qu'à faire recueillir les richesses immenses accumulées sous sa main pour rédiger des recueils qui, sous le nom de Digeste et de Code, ont vécu jusqu'à présent, contribué puissamment à créer le Droit qui régit l'Europe moderne, et qui seront sans aucun doute immortels.

Lorsqu'en effet le colosse romain s'affaissa sous les efforts d'une foule de peuples encore barbares, on sait que sa religion et ses lois ne périrent point dans ce vaste naufrage, et acquirent même bientôt assez d'empire sur les conquérants pour assurer aux vaincus une protection puissante et efficace. Quoiqu'encore au début de la civilisation, et n'ayant pas même de coutumes écrites, ils ne tardèrent pas à s'assimiler quelques uns des principes que le Droit romain avait consacrés. Une lutte sourde et cachée s'établit dès lors entre ces principes et les coutumes nationales. Ses succès furent lents au milieu des grandes convulsions par lesquelles dut passer l'Europe moderne pour arriver à fonder des états nouveaux; mais ils furent persévérants jusqu'au moment où le travail intellectuel des quinzième et seizième siècles vint décidément assurer leur prépondérance.

L'ère nouvelle qu'ouvrirent spécialement en France les évènements de 1789 et des années suivantes, ne fit qu'assurer de plus en plus cette prépondérance. C'est, comme on le sait, de cette époque que datent les codes qui nous régissent, et qui résumèrent l'état de la législation, au moment de leur publication, avec quelques innovations amenées par la marche et le progrès des idées. Ces codes, comme nous le verrons plus tard, furent imprégnés de l'esprit du Droit romain. On fit une part cependant aux anciennes traditions nationales; et, sur plusieurs points, le travail des législateurs modernes dut consister à opérer une espèce de transaction et de fusion; mais la pensée romaine prédomina largement, et la preuve qu'on voulut la faire prévaloir gît dans l'organisation même de l'enseignement qui eut pour but de propager la connaissance de la nouvelle législation, et qui, parmi les sources du nouveau Droit, se borna à commander l'étude du Droit romain.

Cette simple esquisse montre de suite l'importance qui s'attache à la législation romaine. Comme modèle, elle mériterait déjà une grande attention, car une réunion de circonstances, produisant une période aussi brillante que la période romaine, ne se rencontre pas deux fois dans la marche de l'humanité. La providence en est avare, et, quand elle étale de tels trésors, il faut s'empresser de les recueillir.

Mais, de plus, cette législation est, sur presque tous les points, la source et la raison de celle qui nous régit; non qu'il faille cependant refuser à notre Droit son indépendance et sa personnalité; mais il est vrai que presque partout il se laisse entraîner à la suite de la pensée romaine, en rendant hommage à sa supériorité.

Aussi, la meilleure introduction à l'étude du Droit civil français me paraît-elle l'exposé historique de la législation romaine, en remontant surtout à l'esprit de ses institutions et à la cause des phases successives qu'elles ont subies; en étudiant ensuite également l'esprit et les vicissitudes de l'ancien Droit national, on complètera la préparation la plus utile et, nous ajouterons, la plus indispensable, car on voit bien déjà, par les principes que nous avons exposés, que quoique nous vivions dans un état donné du Droit qui est le plus important à connaître sous le rapport pratique, on s'exposerait à n'avoir de ce Droit qu'une intelligence bornée et routinière, si on ne s'appliquait à rechercher dans les temps passés comment et par quels évènements ce Droit, sous l'influence de divers rapports et de diverses circonstances extérieures, est arrivé par un développement successif à prendre sa forme actuelle.

On comprendra même facilement que si le Droit actuel peut être l'objet de recherches toutes philosophiques sur le point de savoir de quels perfectionnements il pourrait être encore susceptible pour le bien social, ce n'est qu'à ceux

qui ont suivi le passé avec attention et qui ont étudié sa formation sous l'influence des évènements , que ces recherches
pourront devenir accessibles.

L'importance de ces considérations, qui sont aujourd'hui
partout senties, a déterminé le Gouvernement à fonder dans
quelques Facultés un cours d'histoire du Droit dont l'utilité,
comme préparation et complément de l'étude du Droit
actuel, est évidente. La Faculté de Grenoble n'a pas encore
reçu cette faveur, et c'est pour y suppléer que je place ici
quelques éléments qui, en retraçant au moins d'une manière
abrégée les connaissances les plus indispensables et les plus
dominantes auxquelles ce cours serait consacré, provoqueront
des études plus approfondies et traceront une méthode à
suivre pour les bien diriger et les rendre fructueuses.

En ouvrant cette voie, je voudrais toutefois, dès l'abord,
prévenir sur quelques dangers qu'elle peut présenter, c'est
surtout celui de faire abus d'une vaine érudition sur des
points quelquefois secondaires. Il ne faut pas perdre de vue
que c'est comme accessoire et pour nous mieux pénétrer
de l'esprit de nos lois actuelles, que nous remontons ainsi la
chaîne des temps ; et il ne faut jamais que ce travail fasse
oublier la science principale, et engage à placer le but dans
la satisfaction d'une vaine curiosité.

§ Ier

Notions abrégées sur l'histoire du Droit romain.

Il est bien entendu qu'en cherchant à suivre dans ces variations principales la marche du Droit chez les Romains,
nous supposons connus les faits qui constituent leur histoire.

Nous ne saurions même avoir la prétention de suivre dans
ses développements chacune de leurs institutions juridiques.

À mesure que nous aurons à examiner les institutions ana-
logues dans le Droit français, nous aurons soin seulement de
la faire précéder de quelques observations qui retraceront la
pensée romaine et ses modifications sur chaque point particulier.

Ce que nous voulons seulement montrer à présent, c'est
l'esprit des principales institutions, les causes qui ont secondé le mouvement du Droit chez ce peuple, et lui ont fait
faire de si grands progrès, en un mot les sources du Droit
aux diverses périodes de son histoire.

Pour cela nous examinerons séparément chaque période,
et nous les diviserons d'après les grands changements qui
survinrent à certaines époques dans la constitution politique.

PREMIÈRE PÉRIODE.

Depuis les temps les plus anciens jusqu'à la loi des XII Tables.

Il n'y a rien de plus obscur dans l'histoire que la constitution politique et juridique de Rome, à l'époque de sa
fondation.

Nous ne suivrons pas cependant le système de l'allemand
Nieburh, qui ne voit dans les sept premiers rois de Rome
qu'une espèce de Mythe semblable à celui qu'avaient forgé
les Grecs, en peuplant l'Olympe de leurs héros et de leurs
demi-dieux. En se fondant sur des autorités positives, telles
que celles de Denis d'Halicarnasse, Dion Cassius, Plutarque,
Festus, Cicéron, on peut se flatter, sinon d'échapper à toutes
les relations fabuleuses, au moins de reproduire la véritable
pensée que les Romains concevaient eux-mêmes de leurs
antiquités nationales aux époques éclairées de leur existence,
et il est difficile d'admettre qu'un peuple comme celui-là fut
complètement dans l'erreur sur un point aussi important que
celui de ses origines. On peut d'ailleurs indiquer, comme

datant de cette époque, des institutions qui 'ont pu se manifester par leurs effets dans des temps bien postérieurs.

Suivant l'opinion la plus accréditée et qui est au moins fondée sur les analogies les mieux assises, l'Italie, avant Rome, était divisée en petits états dominés par des races patriarcales qui y vivaient entourées de serfs et d'esclaves, ou de petits propriétaires placés sous leur protection. Parmi eux on remarquait, au nord du Tibre, la nation des Étrusques qui, d'après ce qu'on voit rapporté plus tard, devait avoir fait déjà quelques progrès dans la civilisation.

Au midi du Tibre étaient établies plusieurs colonies grecques. Denis d'Halicarnasse cite les Aborigènes venus d'Arcadie plus de 600 ans avant la guerre de Troyes, et les Pèlasges venus plus tard. Il paraît qu'à la suite de la guerre de Troyes, les colonies étaient devenues plus nombreuses, et qu'elles étaient composées de Grecs et de Troyens.

Rome fut fondée par une colonie sortie de la ville d'Albe.

Suivant Plutarque, Dion Cassius et Denis d'Halicarnasse, cette colonie aurait d'abord été composée de moins de quatre mille hommes qui s'établirent et se fortifièrent sur le mont Palatin. Ensuite Romulus aurait ouvert près de ce lieu et sur la montagne appelée depuis mont Capitolin, un asile où se refugièrent une foule de vagabonds libres et esclaves, qu'on peut considérer comme le rebut des populations environnantes. Romulus en fit des citoyens, et ce fut là, dit Tite-Live, le principe de la grande puissance de Rome.

Les lieux d'asile se voient partout dans les temps primitifs et lorsque les gouvernements sont encore à l'état de famille ou de tribus. La Bible les mentionne et on voit qu'ils entrent comme partie essentielle dans la constitution donnée aux Hébreux pour l'occupation de la Terre promise.

Il y a lieu de croire que les hommes, à la tête de qui se trouvait Romulus, n'étaient eux-mêmes qu'une réunion produite par l'ouverture d'un premier asile. On ne voit point là une colonie proprement dite, car une colonie était un assemblage de familles, et au lieu de se fortifier dans un lieu restreint, elle s'étendait naturellement sur le sol pour y chercher des moyens d'existence.

Dans cet assemblage d'hommes, tout indique une réunion fortuite, et l'absence de cet esprit de famille qui domine ordinairement un peuple naissant. Quand ils veulent des femmes, ils se précipitent sur un peuple voisin, et enlèvent de force les Sabines.

Ces détails peuvent servir à expliquer la dureté excessive dont furent empreintes les institutions et les mœurs des premiers Romains.

Romulus ne dut, à ce qu'il paraît, le pouvoir qu'il exerça qu'au suffrage de ses compagnons. On croit aussi qu'après l'alliance avec les Sabins, Tatius, roi de ce peuple, consentit à se joindre à la colonie romaine, à laquelle un autre peuple, les Etrusques, vint aussi de gré ou de force s'incorporer.

De là il y eut pour ainsi dire réunion de trois nations en une seule, et c'est à cela qu'on rapporte la division primitive du peuple romain en trois tribus : celle des Romains ainsi appelée du nom de Romulus et qui, par corruption, s'appela aussi *Ramnes* ou *Ramnenses*; celle des Sabins qu'on appela *Tatienses* de leur roi Tatius; enfin celle des Étrusques, nommée *Luceres* d'un chef qui s'appelait *Lucumo*, ou par toute autre cause, car c'est là une étymologie fort incertaine.

Sans vouloir donner à tous ces détails une certitude pleinement historique, il est certain au moins que c'était là l'idée que les traditions romaines des temps postérieurs avaient accréditée. On peut voir sur ce point Tite-Live, Cicéron, Salluste. *Hi*, dit ce dernier en parlant de la fusion des trois éléments primitifs qui avaient formé le peuple romain, *postquàm in una mœnia convenere, dispari genere, dissimili linguâ, alius alio more viventes, incredibili memoratu est quam facilè coaluerint* (Salluste in Catil.).

Ce qui est encore plus certain, c'est l'établissement, datant de ce temps, de quelques grandes institutions dont la solidité brava ensuite plusieurs siècles.

Ainsi, dans la constitution politique, il y eut un roi toujours élu par le peuple, chargé de commander les armées, de rendre la justice, de faire exécuter les lois ; un sénat dans lequel entrèrent naturellement les chefs des principales familles ou les premiers compagnons de Romulus, qui était l'auxiliaire du roi dans ses fonctions politiques, dont les membres se perpétuaient héréditairement dans leurs fonctions, et formaient une caste à part, sans mélange avec le reste du peuple : *consilium reipublicæ sempiternum*, dit Cicéron, *(Oratio pro Sextio)*.

Enfin les comices ou assemblées générales du peuple réparti en trois tribus, dans lesquelles tous les citoyens intervenaient activement, et à qui il appartenait d'élire les magistrats, de décider de la paix et de la guerre, de sanctionner les décrets du sénat et qui avait même l'appel dans les sentences capitales. Ainsi l'assemblée du peuple cassa la sentence capitale portée contre le jeune Horace pour le meurtre de sa sœur (1).

Malgré cette puissance apparente du peuple, le gouvernement de Rome n'en était pas moins une aristocratie très-concentrée par suite des diverses fonctions privilégiées qu'on avait su réserver aux familles sénatoriales qu'on désigna sous le nom de patriciens, par opposition aux plébéiens (2).

Ainsi le culte public y avait été organisé d'une manière très-remarquable. Il y avait plusieurs colléges de prêtres exerçant sous le privilége de l'inviolabilité

(1) Marcus Horatius interfectæ sororis crimine à Tullo rege damnatus, ad populum provocato judicio, absolutus est. (Valer. Maximus 8.)

(2) Plebs autem à populo differt quo species à genere : nàm appellatione populi universi cives significantur connumeratis etiam patriciis et senatoribus : plebis autem appellatione sine patriciis et senatoribus, cæteri cives significantur. (Just. lib. 1, tit. 2. 4.)

des fonctions aussi politiques que religieuses : les Saliens préposés à la garde d'un bouclier considéré comme tombé du ciel, et auquel la conservation de Rome était attachée ; les Féciaux institués pour régler les rapports avec les étrangers ; les Pontifes à qui il appartenait de régler l'ordre et les cérémonies des sacrifices qui faisaient partie intégrante de tout acte politique ; les Vestales chargées de la conservation du feu sacré ; les Augures qui devaient prendre les auspices dans toutes les circonstances importantes, et qui avaient le droit de rompre les assemblées.

Toutes ces fonctions sacerdotales étaient exclusivement réservées aux patriciens ; elles étaient indépendantes du culte privé qui s'exerçait aussi dans chaque famille, comme on le remarque assez généralement chez les peuples nouveaux. Pendant très-longtemps ce culte domestique subsista à Rome, avec le culte public ; il avait entre autres buts celui d'honorer les ancêtres dont chaque famille conservait avec vénération les statues en cire. Les Romains y attachaient, comme on le verra par plusieurs dispositions de leurs lois, une très-grande importance.

Le Droit de propriété avait aussi, dès les premiers temps de Rome, une organisation très-importante à connaître.

Après avoir divisé son peuple en trois tribus, dit Denis d'Halicarnasse (*Antiq. liv. 3. 1.*), et les tribus en dix curies, Romulus partagea le sol en trente portions égales et assigna une portion à chaque curie ; du surplus des terres, il assigna au culte une part convenable et laissa le reste à l'État.

Toutes les colonies fondées plus tard par les Romains, étaient en effet soumises à cette organisation : *tanquàm effigies parvœ simulacraque populi romani*, comme dit Aulu-Gelle (16. 13). Les citoyens composant la colonie se divisaient une part des terres, en donnaient une part au culte, et le reste demeurait commun.

La part divisée entre les citoyens primitifs formait ce qu'on appela le *Domaine quiritaire*, qui fut la propriété proprement dite. Chacun était censé l'avoir prise en vertu d'un droit qui lui appartenait en propre et comme par droit de conquête, et ils la possédaient, ainsi qu'on le voit dans les anciens auteurs, *sous la lance,* comme s'ils ne la tenaient que de la force de leur épée : *maximè sua esse credebant quæ ex hostibus cœpissent : undè in centumviralibus judiciis hasta præponitur. (Gaius inst.* lib. 4, § 16.)

Le Domaine quiritaire était consacré et limité, suivant certains rites religieux empruntés, à ce qu'on croit, des Étrusques. Une corporation spéciale, celle des *agri mensores,* était chargée de cette consécration, suivant certains rites théologiques.

La terre quiritaire devait être limitée de manière à avoir certaines dimensions et certaines formes.

Pour la dimension, cette terre avait la surface petite, carrée ou double. On appelait cette surface *actus.*

La petite surface avait 120 pieds de long et seulement 4 de large.

La surface carrée avait 120 pieds carrés.

La surface double avait 120 pieds de large, mais 240 de long ; elle portait le nom spécial de *jugerum.*

Comme un cadavre rendait sacré le lieu où on le mettait, et empêchait qu'il ne put être vendu, et que d'un autre côté on ne pouvait pas démembrer les dimensions nécessaires de la propriété quiritaire, on avait établi que c'était seulement la petite surface qui était ainsi mise hors du commerce *per illationem mortui.*

Quant à la forme, les limites devaient toujours être placées dans le sens des quatre points cardinaux : les deux lignes du nord au midi s'appelaient *axes ou cardines;* les deux du couchant au levant s'appelaient *decumani.* Il y avait de plus entre les diverses surfaces des intervalles laissés, soit pour mieux marquer les limites, soit pour servir de chemins.

Le domaine quiritaire n'appartint d'abord qu'aux patriciens; et, hors de ce domaine, il n'y avait point de propriétés proprement dites, mais seulement les biens laissés en commun. A la vérité, à mesure que l'on conquit des terres nouvelles, on fit des distributions soit aux citoyens proprement dits, soit aux peuples conquis; mais ces nouveaux possesseurs n'eurent qu'un droit précaire, sous redevance à l'État qui conservait le droit de les expulser. On appelait la tenure de ces derniers, domaine bonitaire ou simplement *possesiones*.

On nommait aussi les choses, qui étaient dans le domaine quiritaire, qui comprit non-seulement le sol, mais encore les esclaves et beaucoup d'autres objets, *res mancipi;* et les autres choses qui n'avaient pas le caractère du domaine quiritaire, *res nec mancipi.*

Mancipi comme *manu capti* signifie puissance; *manus* dans le vieux latin est synonyme de puissance. Cela est même passé dans le langage du Droit français, où l'on dit dans ce sens *main-mise, maintenue, main-levée.*

Le Droit quiritaire ne pouvait être transmis que par des formules qui exigeaient l'intervention de l'autorité publique, et que l'étude spéciale du Droit romain fera bien connaître; elles portaient le nom de *mancipatio, nexus, in jure cessio, vindicatio.* Les mêmes formes n'étaient point exigées pour la transmission du domaine bonitaire.

Enfin la justice elle-même devint un patrimoine exclusif des patriciens. Celui qui avait une demande à former ne le pouvait qu'en se soumettant à des formes d'action exactement calquées sur la loi, qui servaient à préciser l'objet de la demande, et à préparer la décision. Toute contravention, même la plus légère, à l'une de ces formes légalement prescrites, devenait un obstacle absolu au succès de la prétention de celui qui s'était adressé à la justice; c'est ce qu'on a appelé les actions de la loi, *legis actiones.* Comme la loi n'était point alors écrite ou au moins publiée, et que les patriciens investis des magistratures, loin de la faire connaître, affectaient de la tenir secrète, il en résultait que, sous ce rapport encore, les plébéiens étaient placés dans leur stricte dépendance.

A la vérité, ces actions de la loi furent bientôt modifiées, mais nous nous dispenserons de suivre les vicissitudes de cette institution dans les temps postérieurs en nous référant aux documents très-complets qu'a publiés sur ce point M. Quinon, professeur de Droit romain à la Faculté de Droit de Grenoble, dans son cours à l'usage des élèves de cette faculté : personne mieux que lui n'a rétabli avec ordre et clarté tout l'ancien système de procédure des Romains aux diverses phases de leur histoire.

Comme Rome était heureuse dans les combats, elle tendait à s'accroître et à s'incorporer plusieurs autres peuples : ces peuples voulaient participer aux privilèges des habitants plus anciens de l'État romain, mais ils étaient impitoyablement refusés : de là, la querelle des patriciens et des plébéiens qui fait le fond de l'histoire romaine. Il ne faudrait pas confondre ces plébéiens, qui ne comprenaient que les citoyens anciens ou nouveaux de Rome qui n'avaient pas eu place dans les positions privilégiées, avec la partie esclave de la population qui était bien loin alors de réclamer des droits.

C'est à ce qu'on peut croire par le résultat de ces querelles, qu'une révolution s'opéra dans Rome après deux cent cinquante ans d'existence, à la suite de laquelle le septième roi fut chassé : rien de plus obscur maintenant que les causes précises de cette révolution.

Dans cette première période, il n'y avait vraisemblablement comme on l'a observé déjà, aucune législation écrite, et on ne se gouvernait que par la coutume. On trouve cependant dans quelques auteurs, la mention des *leges regiæ* qui auraient été portées par le peuple sur la présentation du Roi, et d'un recueil dû au pontife Papyrius : mais ceci se rapporte à la partie anti-historique du Droit : c'est le pendant des lois de Dracon, pour la Grèce. Comme les législations primitives ne manquent jamais d'être empreintes d'un caractère terrible et des sanctions les plus violentes, ces anciennes lois sont restées dans le langage comme l'expression d'une législation d'une sévérité poussée à l'excès : c'est en ce sens qu'on parle des lois Draconniennes et de la rigueur du code Papyrien, recueils dont nous n'avons du reste gardé aucune connaissance.

Les luttes qui se perpétuèrent après l'expulsion des rois, montrent assez que, quoique Rome eût pris le nom de *libera Respublica*, les plébéiens n'avaient pas moins à se plaindre : les patriciens, restés maîtres de tous les abords de la vie politique, abusaient : l'État fut agité jusques dans ses fondements. L'an 260 on leur arracha la création des tribuns du peuple, et bientôt après il fut décidé que les principales bases de la constitution de l'État seraient converties en lois écrites, soit pour assurer les rapports déjà établis qui étaient vacillants et arbitraires, soit pour consacrer plusieurs concessions obtenues par les plébéiens.

De là la loi des xii Tables.

La constitution fut suspendue ; tous les magistrats remplacés par les décemvirs chargés de la rédaction de la nouvelle loi, *decemviri legibus constituendis* : ils promulguèrent d'abord dix tables de lois, et un peu plus tard les deux autres.

La marche qu'ils suivirent pour la rédaction de ces lois et surtout le point de savoir s'ils allèrent d'abord en Grèce à la recherche des institutions en vigueur, dans ce pays où brillait alors une civilisation relativement plus avancée que la leur, est devenu l'objet de curieux problèmes historiques. Pour nous, nous ne pouvons dans ce court résumé nous attacher qu'aux faits les plus essentiels.

On sait que les décemvirs, après la création de leurs lois, ayant cherché à se maintenir dans l'exercice de l'autorité transitoire qui leur avait été conférée, furent renversés dans une sédition.

Nous ne connaissons pas dans leur forme originaire les dispositions de la loi des xii Tables ; et malgré de nombreux efforts, les savants n'ont pu parvenir à en restituer le texte entier : nous en possédons seulement des fragments assez considérables qui ont été recueillis et mis en ordre par Jacques Godefroy, et dans les temps plus modernes par deux professeurs Allemands (1).

Mais d'après ce que nous connaissons, aussi bien que d'après la manière dont les anciens auteurs parlent de la loi des XII Tables que Tite-Live notamment appelle *corpus omnis romani juris fons publici privatique juris,* on peut considérer ce monument législatif comme renfermant tous les principes essentiels qui formaient alors la base du Droit public et privé des Romains ; et ce qui le rend plus remarquable, c'est que les Romains qui mirent toujours au nombre de leurs premières vertus un respect minutieux et poussé jusqu'à la superstition pour toutes les traditions et les antiquités nationales, se refusèrent dans toute la suite de leur histoire à y faire aucun changement.

Il arriva que dans un grand nombre de ses parties la marche du temps et de la civilisation rendit la loi des XII Tables insuffisante et inapplicable : alors on recourut à de pieux détours pour ne pas l'exécuter, ou pour y rattacher artificiellement les modifications devenues nécessaires. Nous expliquerons bientôt comment l'institution des Préteurs et autres Magistrats, chargés de rendre la justice, fut employée dans ce but : mais en théorie, la loi des XII Tables maintint son autorité intacte, et ce fut seulement par les grands recueils de Justinien, publiés au VIᵉ siècle de notre ère, qu'elle fut positivement abolie.

(1) Jacobi Gothofredi quatuor fontes juris civilis. Genev. 1655.
Haubold Inst. jur. rom. priv. Leipsig. 1821.
Dirksen. Leipsig. 1824.

DEUXIÈME PÉRIODE.

Depuis la loi des XII Tables jusqu'à l'empereur Auguste.

Le Droit formulé par la loi des XII Tables reçut de grandes et importantes modifications dans cette période : il est essentiel de connaître les moyens employés pour concilier ces modifications avec le respect que les Romains professaient pour cette loi et le caractère d'immutabilité qu'ils lui avaient attribué.

Dès les premières années qui suivirent la loi des XII Tables, les évènements montrèrent combien peu les plébéiens étaient encore disposés à se contenter des concessions qu'ils avaient obtenues : tous les avantages politiques demeurés aux patriciens, furent successivement attaqués dans le but d'arriver à une égalité complète entre les deux ordres ; la longue et habile défense des patriciens, les guerres extérieures qui vinrent à plusieurs époques porter ailleurs l'attention, ne firent qu'ajourner ce résultat qui fut à la fin obtenu ; ces luttes prolongées en introduisant de temps en temps des changements importants dans la constitution politique, amenèrent l'établissement de nouvelles formes législatives et la création de certaines magistratures qui eurent l'influence la plus marquée sur le développement du Droit, et nous obligeront par ce motif à les rapporter avec quelques détails.

On peut indiquer de suite, comme venant s'ajouter à ces causes, les conséquences des conquêtes toujours plus nombreuses des Romains qui soumirent une foule de peuples à leur puissance : il arriva de là que ces peuples incorporés à l'État romain, cherchèrent par la suite à participer comme les premiers plébéiens aux droits politiques, ou à obtenir les conditions d'alliance les plus favorables possibles : de grandes guerres furent soutenues dans ce but, et il en résulta que les Romains durent activement s'occuper de régler aussi sous le rapport juridique leurs relations avec ces peuples qu'ils avaient classés jusques là parmi les étrangers, et même les relations de ces étrangers entr'eux. Ce fut là surtout l'origine du *jus gentium* que nous avons déjà signalé, et dont l'influence finit à la longue par modifier considérablement le Droit civil.

Au temps de la loi des XII Tables et même sous les Rois, la puissance législative résidait à Rome, comme on l'a déjà dit, dans l'université du peuple réunie dans les comices, et répartie en tribus divisées en curies : les voix y étaient recueillies par tête et l'autorité du nombre faisait ainsi la loi ; mais cette organisation ayant paru menaçante à la puissance des Rois, ceux-ci avaient réussi à faire adopter une autre manière de recueillir les votes : c'est à Servius Tullius, sixième roi, qu'on attribue l'institution du cens et le changement des comices par curies en comices par centuries.

Les citoyens furent divisés en 6 classes réparties elles-mêmes en 193 centuries ; la dernière ne comptait que pour une centurie et renfermait tout le bas peuple qu'on avait amené à cette concession, en lui accordant une exemption absolue d'impôts dont les autres classes se trouvaient frappées : les voix étant ensuite recueillies et comptées par centuries, il en résultait que le suffrage du bas peuple n'avait presque aucune importance, et que celui des patriciens, formant à eux seuls le plus grand nombre de centuries, était prépondérant.

Les comices par curies n'avaient point été abrogées : on continuait même de les assembler pour la forme, parce que c'était seulement dans ces comices qu'on pouvait prendre les auspices dont le sceau était nécessaire à toute mesure législative. Les auspices appartenant toujours à un magistrat de l'ordre des patriciens, le Sénat trouvait même dans cette circonstance un moyen de réviser ce qui avait été fait ;

maìs c'était dans les comices par centuries que presque toutes les mesures importantes étaient discutées et arrêtées.

L'insignifiance politique du rôle auquel cet état de choses condamnait les plébéiens, fut l'un des points sur lesquels se portèrent le plus activement leurs réclamations incessantes après la loi des XII Tables. Les tribuns du peuple obtinrent ou s'emparèrent du droit de convoquer les comices par curies et de présenter au peuple, ainsi assemblé, des mesures législatives, bien qu'ils ne pussent prétendre au pouvoir de consulter les auspices. Le Sénat refusa d'abord de reconnaître aux décisions ainsi prises, et qu'on appela *Plébiscites,* la force de loi ; mais un peu plus tard et par suite d'efforts successifs, il fut enfin admis que les Plébiscites auraient la même force que ce qu'on avait appelé jusque là, *leges populi* : la maxime, *ut Plebiscita universum populum tenerent,* devint un axiôme du Droit public.

On continua d'appeler *senatusconsultes* les décisions qui étaient prises dans l'assemblée du peuple sur la proposition d'un magistrat de l'ordre des patriciens, et en suivant les formes auxquelles les succès des tribuns du peuple avaient fait déroger : ces décisions étaient promulguées, d'après les anciens usages, au nom du Sénat et du peuple, et en suivant une formule familière à tous ceux qui ont étudié l'histoire romaine, *senatus populusque romanus,* et par abréviation, *S. P. Q. R.*

Mais le rôle du Sénat fut ensuite modifié par les évènements et les changements successifs, et il paraît qu'il obtint dans les derniers temps de la république une espèce de pouvoir représentatif qui lui permit de prendre seul et à la place du peuple des résolutions qui eurent aussi force de loi, et qui portent également le nom de *senatusconsultes.*

Nous ne parlons pas encore ici du nouveau rôle que le Sénat joua ensuite dans la période suivante qui est celle des empereurs.

On comprendra facilement que des pouvoirs législatifs,

constitués d'une manière aussi incertaine, ne dussent agir qu'avec beaucoup de difficultés, et souvent les mesures réclamées par le progrès des idées et les circonstances eussent été bien retardées sans une autre institution que possédèrent les Romains, à partir de l'établissement de la république, et que l'on s'accorde à considérer comme la cause qui a donné la plus grande impulsion au progrès du Droit chez eux.

Cette institution est celle des magistrats annuels que se donnait toutes les années le peuple romain.

Les fonctions de ces magistrats, très-limitées quant à la durée, étaient au contraire à peu près illimitées quant à l'étendue des attributions qu'elles embrassaient : ils gouvernaient conjointement l'État dans une pleine indépendance les uns des autres, et pouvaient seulement être arrêtés dans leurs actes par le droit d'opposition de magistrats égaux ou supérieurs : ce n'était qu'à leur retour à l'état privé qu'ils pouvaient être appelés à rendre compte et déclarés responsables.

Ils n'avaient point le pouvoir législatif proprement dit, mais on leur reconnaissait au moins, par suite d'un usage devenu une véritable loi, le *jus edicendi* en vertu duquel, à leur entrée en charge, ils faisaient connaître publiquement par des affiches, certains principes qu'ils se proposaient de suivre dans l'exercice de leurs fonctions : les magistrats chargés de rendre la justice et qu'on appelait *magistratus juridicundo* ne manquaient jamais surtout de publier d'avance, en forme d'édit, les principes essentiels du Droit qu'ils se proposaient d'appliquer pendant la durée de leur charge, *jurisdictionis causa edicta proponere ut scirent cives quod jus de quâque re esset dicturus*. Les principaux magistrats étaient à Rome le *prætor urbanus*, et pour les affaires des étrangers le *prætor peregrinus*; pour certaines affaires de police et de commerce les édiles : dans les provinces c'était le proconsul ou le propréteur qui remplissait le même office.

Personne, mieux que les magistrats qui rendaient personnellement la justice, ne pouvait apercevoir les changements que le progrès alors très-rapide des évènements rendait journellement nécessaires. Le Droit d'édicter était entre leurs mains un moyen de pourvoir sans secousse à ces nécessités. Alors même qu'il se serait introduit dans l'édit quelques innovations irréfléchies ou quelques changements dont l'expérience eût ensuite montré les dangers, il ne pouvait en résulter de grands inconvénients, puisque l'édit était annuel et que le successeur du magistrat en charge pouvait immédiatement le réparer, en se bornant simplement à ne pas le reproduire dans son édit.

D'un autre côté, les mesures qui étaient justifiées par l'expérience et l'approbation générale, restaient ordinairement dans l'édit où chaque magistrat s'empressait d'accueillir ce qui lui paraissait bon dans l'œuvre de ses prédécesseurs. Ainsi se forma peu à peu une masse de dispositions édictales qui, transmises d'un magistrat à l'autre sans changement, devinrent pour ainsi dire permanentes, traditionnelles, et prirent conséquemment le nom d'*Edicta tralatitia,* par opposition à celles dont l'introduction était toute récente et qu'on appela *Nova edicta.* On conçoit que les dispositions ainsi longtemps répétées et maintenues dans l'édit acquirent dans l'usage une autorité qui les fit respecter à l'égal de la loi.

Les magistrats *juridicundo* ainsi chargés non précisément de réformer, nous avons déjà dit que les Romains n'admettaient pas ce mot, mais d'aider ou de suppléer, même de corriger le Droit civil, parvinrent par ce moyen à maintenir ce Droit à la hauteur de la civilisation. En proclamant toujours le texte de la loi des XII Tables, inviolable et sacré, ils surent dans leur pratique le réduire souvent à l'état de lettre-morte, dans les points où il se fut trouvé trop en opposition avec le cours des idées régnantes. On verra très-souvent dans l'étude spéciale du Droit romain des traces de cette action du préteur; et, en étudiant sa portée, on ne pourra que trouver fort remarquable un tel pouvoir dans la république, et en considérer les effets comme fort appropriés aux besoins du temps et aux améliorations rapides que réclamait la marche des idées.

L'ensemble des décisions prétoriennes, qui est une des sources les plus abondantes du Droit romain, est connu sous le nom de Droit honoraire, *jus honorarium.*

A côté de ce *jus honorarium*, il se forma une autre source importante du Droit dans ce qu'on appela *responsa prudentum.*

On sait que l'un des grands moyens employés dès l'origine de l'État romain, pour calmer les dissenssions entre les divers ordres, avait été l'institution des clientelles. Des liens très-étroits et imposant de grandes obligations unissaient les patrons aux clients, qui se composaient non-seulement d'affranchis mais encore d'hommes libres ; et l'un des premiers devoirs du patron était d'expliquer le Droit à ses clients, de les protéger et de les défendre de manière qu'ils pussent en sécurité vaquer à leurs travaux. De là l'obligation pour les personnages les plus importants et les plus considérés, de s'occuper du Droit, de le commenter et de l'expliquer. Sans avoir le pouvoir d'édicter, comme les magistrats *juridicundo*, ils cherchèrent souvent par l'interprétation à combler les lacunes du Droit civil, et la considération personnelle dont ils jouissaient donna beaucoup d'importance à leurs travaux. Nous n'avons plus que des fragments insérés dans les grands recueils de Justinien, des ouvrages dus à ces hommes distingués qu'on décora du nom de jurisconsultes *jurisconsulti*, et parmi lesquels on remarque surtout Mucius Scœvola, Ofilius, Servius Sulpicius, et beaucoup d'autres ; mais il est certain que leurs travaux contribuèrent puissamment à former et à développer les jurisconsultes de la période impériale qui leur succédèrent, et les firent oublier par leur grande supériorité. Les écrits de ces derniers formèrent principalement, comme on le verra plus loin, les grands recueils de Droit qui nous sont parvenus.

Enfin, à ces sources de Droit, il faut ajouter la jurisprudence, soit l'autorité résultant d'une foule de décisions rendues dans le même sens, soit par le peuple, soit par les magistrats sur certaines questions : *Auctoritas rerum perpetuò similiter judicatarum.* On comprend que pour fixer le sens souvent si incertain et si obscur du Droit civil, ces décisions devaient avoir une force pratique incontestable.

Les luttes des plébéiens n'eurent pas seulement pour effet d'introduire des modifications considérables dans la puissance législative; elles agirent aussi sur les autres parties de la constitution, sans toutefois pouvoir les altérer ou les détruire complètement. Il est important pour l'histoire du Droit de suivre au moins les principaux changements opérés.

Un privilége essentiel des patriciens consistait, comme on l'a vu dans le droit exclusif, de remplir plusieurs fonctions sacerdotales auxquelles les Romains attachaient la plus haute importance. Ce privilège était l'un de ceux qui assurait le mieux leur prédominance. On a vu combien, à l'occasion du vote dans les comices, ils avaient su se prévaloir du pouvoir exclusif de prendre les auspices. Le même moyen leur servit longtemps pour repousser toute possibilité d'alliance par mariage entre eux et les plébéiens; lorsque, vers l'an 400 de Rome, le tribun Canuléius obtint enfin l'abolition de la prohibition qui subsistait à cet égard, on voit que les consuls repoussaient la proposition par ce motif que les plébéiens n'avaient pas les auspices : *Respondit quod nemo plebeius auspicia haberet.* (*Tite-Live,* liv. 4, chap. 6.) Il serait facile et intéressant de multiplier sur ce point les citations pour montrer la place essentielle que les Romains donnaient dans leurs lois aux institutions religieuses, souvent les véritables sources de plusieurs de leurs institutions civiles. Nous nous bornerons, pour ne pas excéder les bornes dans lesquelles nous voulons nous circonscrire, à remarquer que toutes les règles et observances prescrites par la religion devaient être minutieusement observées comme lois de l'État, sous les peines et les sanctions les plus sévères. Il faut savoir distinguer la science théologique qui fut établie chez eux, et dont il ne nous est parvenu que quelques restes, de toutes les inventions souvent peu sérieuses que nous voyons à ce sujet dans les poètes, aussi bien que des raisonnements de philosophes. Il y eut sur ce point, à Rome comme chez les Grecs, une certaine tolérance qui fut quelquefois cependant fatale à ceux qui en abusèrent. Le procès et la mort de Socrate avaient établi chez les Grecs un précédent qui fut plus d'une fois suivi chez les Romains. Les procès criminels pour cause ou prétexte d'impiété n'y furent point rares. L'interdiction de l'eau et du feu, fréquemment prononcée, était une espèce d'excomunication religieuse.

Or, sur ce point important, les patriciens réussirent à maintenir longtemps leurs prérogatives. Ce ne fut que quatre siècles et demi après la fondation de Rome que les plébéiens obtinrent qu'on nommerait cinq augures pris dans leurs rangs ; et encore la victoire remportée sur ce point par Decius Mus ne ne leur ouvrit que les degrès inférieurs du sacerdoce.

Un autre point essentiel de la constitution que nous avons aussi déjà signalé concernait l'organisation donnée au Droit de propriété.

L'institution du domaine quiritaire, telle que nous l'avons fait connaître avec sa limitation religieuse, continua de subsister, aussi bien que la plupart des formes qui pouvaient seules servir à la transmission, comme la mancipation, la cession *in jure*, la vendication.

Seulement, tandis que le domaine quiritaire était dans le principe exclusivement propre aux patriciens, il arriva plus tard, qu'à la suite de luttes acharnées, les plébéiens acquirent aussi le droit de le posséder.

Après des guerres sanglantes, il fallut même communiquer ce Droit aux étrangers incorporés à la République : c'est ce qu'on appelait le *jus commercii*, c'est-à-dire le droit de devenir propriétaire d'une chose *mancipi*, par les moyens propres à ces sortes de biens réservés aux seuls citoyens romains, *jure quiritium*.

On voit dans les fragments d'Ulpien (19. 4), que les Latins avaient des premiers obtenu ce droit qui était considéré comme très-précieux par plusieurs motifs, et entre autres parce qu'il donnait le pouvoir réservé aux seuls citoyens romains de faire des testaments dont la forme était alors celle d'une vente passée à son héritier sous l'apparence de ce qu'on appelait *mancipation*.

« Mancipatio locum habet inter cives romanos et latinos « colonarios, eosque peregrinos quibus commercium datum « est. Latinus habet quidem testamenti factionem. (Ulp. « p. 11. 16.) »

Mais en étendant ainsi le nombre de ceux qui pouvaient aspirer au domaine quiritaire, on distingua toujours très-soigneusement ce domaine des autres biens qu'il était possible de posséder, et qu'on appelait domaine bonitaire.

La propriété bonitaire, née comme on l'a vu de concessions faites sur les biens non limités et qui formaient le vaste domaine de l'État, ne constituait qu'un droit précaire et imparfait.

Posséder en vertu du domaine quiritaire, c'était, comme on l'a dit depuis, ne relever que de Dieu et de son épée ; posséder en vertu du domaine bonitaire, c'était relever d'un maître au profit duquel il fallait payer certaines charges et redevances, et qui de plus pouvait toujours rentrer dans son droit. Ces deux sortes de tenures sont indiquées partout dans les auteurs anciens : *Optimo enim jure*, dit Cicéron *(Oratio 2 de lege agrar, cap. 2), ea sunt profectò prædia quæ optimâ conditione sunt : libera meliore jure sunt quàm serva.*

Quand Virgile dit, dans sa première *Eglogue*, que les bergers des environs de Mantoue furent chassés de leurs pâturages, cela veut dire qu'on leur retira les terres qu'ils tenaient par inféodation du domaine public.

Les lois agraires, portées en divers temps de la république et qui furent l'objet, entre les patriciens et les plébéiens, de luttes si ardentes, n'eurent jamais pour objet que le mode d'inféodation et de tenure de ce domaine bonitaire. Nous croyons qu'il sera utile, pour asseoir les idées sur le caractère de ces lois qu'on a bien souvent défiguré, d'en citer deux exemples.

L'an 268 de Rome, il y avait des terres conquises qui devaient être incorporées au domaine public. Spurius Cassius proposa d'affermer, par petits lots, ces terres au peuple afin que chacun put s'entretenir à ses frais au service militaire, et que le trésor public fut déchargé par là de la solde des gens de guerre. Il voulait aussi qu'on admit à ce partage deux peuples nouvellement incorporés, les Latins et les Herniques.

Le consul Virginius s'opposa à la loi : il disait qu'il était injuste d'admettre au partage les Latins et les Herniques, peuples nouvellement conquis et qui n'avaient pas encore rendu des services importants; Appius Claudius dit de plus dans le Sénat que c'était un mauvais précédent d'affermer par petites portions les terres du domaine ; que les petits particuliers ne pouvaient pas, faute de capitaux, faire valoir les portions exigues qui leur reviendraient, tandis que les grandes terres rapporteraient beaucoup plus à la république pour la solde des gens de guerre. Il fut décidé que les Latins et les Herniques n'auraient rien : qu'une petite portion des terres serait distribuée aux citoyens pauvres, mais que la plus grande partie serait affermée, comme toutes les terres du domaine, au nom de la république.

Une autre loi agraire plus importante fut celle rendue sous les Gracches.

Lorsque les Romains avaient conquis un pays, ils s'appropriaient le plus souvent une grande partie des terres : ils en vendaient, ou plutôt inféodaient une portion moyennant une redevance, distribuaient quelquefois le reste aux citoyens pauvres qui allaient y fonder des colonies. Tous ces nouveaux possesseurs, aussi bien que les anciens habitants pour la partie qui leur était laissée, étaient soumis à l'impôt. Il était arrivé du

temps de Tibérius Grachus que les citoyens puissants de
Rome s'étaient mis à affermer ces impôts et les terres même
que la république mettait en ferme, et ils se livraient à
de grandes spéculations sur ces terres domaniales qu'ils faisaient cultiver par leurs esclaves, au détriment de la population demeurée libre qui, obligée de supporter seule
le poids du service militaire et les autres charges de
l'État, ne pouvait soutenir la concurrence avec la culture
servile.

Tibérius Grachus, en sa qualité de tribun du peuple,
proposa une loi d'après laquelle les fermiers du domaine ne
pourraient pas posséder au-delà de cinq cents arpents, cent
têtes de gros bétail et cent de petit, et en outre ces fermiers seraient tenus d'avoir sur leurs domaines un certain
nombre de cultivateurs libres.

Pour adoucir l'opposition des riches, il avait inséré dans
la loi qu'on indemniserait ceux qui auraient à subir une dé-
possession. Cette loi, présentée en 620, ne passa point.

Les possesseurs disaient qu'ils avaient amélioré et fertilisé
les terres qu'on voulait leur ôter ; que sur ces terres étaient
les tombeaux de leurs pères et les biens dotaux de leurs
femmes et de leurs enfants.

On modifia la loi qui fut représentée de nouveau en disant
qu'outre les cinq cents arpents que chaque tenancier pourrait posséder, il aurait encore la faculté d'en faire ajouter
deux cent cinquante autres pour chacun de ses enfants, et
que le reste serait distribué aux citoyens pauvres. La loi
passa enfin ; mais Tibérius ayant voulu, au bout de l'an, se
faire réélire dans ses fonctions de tribun, périt dans une
émeute : l'exécution de la loi subit divers ajournements, et
enfin tomba dans l'oubli.

Caius Grachus, frère de Tibérius, essaya vainement
plus tard de la ressusciter ; il périt lui-même dans une
émeute.

Voilà dans quel cercle s'agitaient souvent à Rome les

questions sur la propriété du sol : jamais on n'arriva jusqu'à mettre en question le vrai domaine, *dominium quiritarium*, dont la stabilité était liée à la religion elle-même, mais les terres inféodées y furent au contraire le sujet de débats toujours renaissants.

Il est vrai cependant qu'à la longue, mais peut-être plutôt dans la période qui doit suivre celle dont nous nous occupons, le domaine bonitaire acquit plus de consistance et les avantages d'une propriété héréditaire et stable. A défaut des moyens légaux de possession et de transmission résultant de la mancipation et des autres formes consacrées, l'équité conseilla néanmoins de reconnaître à ceux qui avaient acquis la possession par des formes moins solennelles des droits aussi efficaces : l'autorité du préteur intervint pour sanctionner ce que le Droit primitif dans sa rigueur semblait repousser. La distinction des deux domaines se maintint néanmoins au moins pour la forme jusqu'à Justinien, et ce fut lui qui abrogea enfin cette vieille institution qui avait perdu dans la suite des temps sa vitalité.

Il serait difficile sur beaucoup de points d'entendre la législation des Romains, si on n'était pas familier avec leur double système de tenure territoriale, et la distinction qui s'étendit même plus loin que le sol entre les choses *mancipi* et les choses *nec mancipi*.

Il y aurait encore dans les institutions des Romains plusieurs autres points fondamentaux sur lesquels il serait utile de posséder quelques notions historiques pour se livrer avec fruit à l'étude de leurs lois civiles, et que nous négligeons à raison du peu d'étendue que nous pouvons donner à ces études préliminaires : il nous parait toutefois indispensable d'entrer encore dans quelques explications sur la constitution de la famille romaine et les droits de puissance paternelle et d'agnation qui en dérivaient.

L'organisation de la famille chez les Romains eut un caractère spécial qui ne se retrouve qu'imparfaitement chez les autres peuples que l'histoire a permis d'étudier dans leur état primitif : elle formait un véritable État considéré comme n'ayant qu'une existence unique et se résumant dans la personne de son chef qui y exerçait la plus grande autorité : ce n'était pas par le rapport de parenté naturelle que ses membres se trouvaient ainsi rigoureusement joints les uns aux autres, mais par un rapport purement juridique qui ordinairement coïncidait, il est vrai, avec le rapport naturel, mais ne reposait pas nécessairement sur lui. Un citoyen romain avait, comme on le verra plus tard, la puissance paternelle non-seulement sur ses fils et filles nées de son mariage, mais encore sur ses petits-enfants nés du mariage de ses fils ou arrière-petits-fils : il pouvait en outre acquérir par l'adoption la puissance paternelle sur d'autres personnes qui n'étaient pas ses descendants naturels ; il pouvait ainsi se former une famille nombreuse de personnes toutes unies ensemble par le même lien de puissance paternelle. Toutes ces personnes se nommaient, les unes par rapport aux autres, *agnati*, et leur cercle rigoureusement déterminé formait la *familia*.

Ce rapport d'agnation une fois établi durait sans interruption, quoique par la suite le lien commun de la puissance paternelle vint à se rompre par la mort du chef commun, et que par là une partie de ceux qui étaient soumis à cette puissance devinssent eux-mêmes chefs indépendants de leur propre famille.

Ce n'était que quand un membre de la famille perdait la liberté ou le droit de cité, ou sortait de la famille par l'émancipation, l'adoption ou l'adrogation, moyens que l'étude de la législation civile fera bien connaître, que le rapport d'agnation cessait d'exister entre ce membre et les autres.

Une dernière observation très-remarquable, c'est que la mère de famille elle-même était soumise comme ses enfants au droit de puissance paternelle, au moins quand elle était entrée dans la famille suivant une certaine forme d'alliance

qu'on appelait *in manum convenire*. Il paraît cependant que
même dans la période dont nous nous occupons, et plus su-
rement encore dans la période suivante, elle put conserver
en recourant à une autre forme d'alliance une position plus
indépendante dans la famille de son mari, mais alors elle
restait sous la tutelle de ses propres parents.

Bien que ressortant du Droit naturel, le droit de former
des alliances, en tant qu'il devait produire la puissance paternelle, était soumis chez les Romains à une multitude de conditions et de réserves : ainsi nous avons déjà eu occasion de
dire que des alliances ne pouvaient se former entre les
patriciens et les plébéiens, et que ce ne fut que bien
tard que ceux-ci obtinrent enfin de faire lever cette prohibition qu'ils considéraient comme outrageante. Les étrangers, ou au moins quelques-unes des nations incorporées, finirent cependant aussi par obtenir ce qu'on appelait *jus
connubii*, c'est-à-dire le droit de former des unions, soit entre
eux, soit avec les Romains, d'où dérivait le droit de puissance paternelle et l'agnation, ainsi que plusieurs autres
avantages précieux qui étaient une conséquence de ceux-là
et notamment le droit de succession *ab intestat*.

Les droits de puissance paternelle et d'agnation se sont
perpétués fort tard dans les institutions romaines et ont
même en partie survécu, comme on le verra, dans le Droit
nouveau promulgué par Justinien; mais dans la période
même où nous nous plaçons, et plus encore, il est vrai,
dans la suivante, plusieurs des droits considérés d'abord
comme inhérents à cette puissance, comme le droit de vie et
de mort sur les enfants, le droit de les vendre et de les
livrer en réparation du dommage qu'ils avaient causé, disparurent devant le progrès des mœurs et de la civilisation.

TROISIÈME PÉRIODE.

Depuis l'empereur Auguste jusqu'à Constantin.

La république romaine était tombée dans une profonde anarchie : un pouvoir dictatorial était devenu nécessaire pour y établir un ordre et une direction politique dont tous les intérêts avaient un égal besoin : on sait à la suite de quels évènements ce pouvoir tomba aux mains de l'empereur Auguste.

Dès ce moment, la constitution de l'État tendit manifestement à devenir monarchique. On a même prétendu qu'il exista à cette époque une *lex regia* adoptée par le peuple romain qui aurait attribué formellement à l'empereur le pouvoir royal; mais l'existence de cette loi ne peut point être considérée comme reposant sur des bases historiques assez sûres.

Ce qui est plus certain, c'est l'extrême ménagement que l'empereur Auguste et ses premiers successeurs surent toujours mettre à rendre insensible la transition qui s'était opérée. Toutes les formes de la république furent maintenues : le peuple fut, comme auparavant, réuni dans des comices pour y délibérer des lois et pour déférer les magistratures annuelles; seulement les empereurs eurent l'adresse ou la puissance de faire déférer le plus souvent à eux seuls toutes ces magistratures réparties autrefois entre un grand nombre de citoyens, et de se les faire adjuger pour des temps quelquefois très-longs : ainsi ils étaient tout à la fois consuls, tribuns, préteurs, empereurs, et toujours pontifes.

A tous ces titres, ils exerçaient dans les assemblées du peuple où se délibéraient les lois et où ils se trouvaient seuls en mesure de proposer les mesures à prendre, la plus incontestable influence; de plus, ils avaient, comme autrefois les préteurs, édiles et autres magistrats, le droit d'édicter, et leurs édits, au lieu d'être annuels, duraient autant que leur puissance.

On comprend que toutes ces formes républicaines durent, dans un pareil état de choses, perdre bientôt leur importance et se trouver de plus en plus négligées par les citoyens. Aussi, après quelque temps, la puissance impériale parvint-elle à s'en dégager entièrement; elle finit par affecter des formes très-despotiques, et arriva enfin au despotisme militaire, le pire de tous, et qui précipita sa décadence.

Il importe de connaître les vicissitudes que subirent les sources du Droit et les principales institutions dont nous nous sommes préoccupés sous l'influence de cet état politique.

Sous les premiers empereurs, il y eut encore un certain nombre de *leges populi* et de *plebiscita* portés, comme ce nom l'indique, dans l'assemblée du peuple réuni suivant les anciennes formes, et presque toujours sur la proposition de l'empereur; mais ce qui se montre surtout à cette époque, ce sont les *senatusconsulta*. Le Sénat continuait de se considérer comme un corps représentatif agissant au nom du peuple, caractère qu'on lui avait reconnu dans la dernière partie de l'ère républicaine; mais comme alors l'empereur en avait toujours la présidence, que les sénateurs étaient nommés par lui et formaient un véritable conseil d'État dépendant de lui, il devait arriver et il arrivait en effet que les sénatus-consultes n'étaient que des ordonnances impériales, revêtues de cette forme, et qui se présentent même souvent précédées par une *oratio* ou *libellus*, espèce de discours exprimant l'initiative de l'empereur.

Quand la puissance législative eut passé toute entière, même de nom, dans les mains de l'empereur, leurs ordonnances ou constitutions devinrent très-nombreuses, et créèrent l'une des sources les plus abondantes du Droit.

Ces constitutions se produisirent sous des formes très-di-

verses. L'empereur ne manifestait pas seulement sa volonté
par des lois d'intérêt général et des actes de gouvernement.
En vertu de la plénitude de pouvoirs qui existait dans ses
mains, il lui arrivait quelquefois de juger les contestations
particulières survenues entre ses sujets, soit en révisant des
jugements déjà rendus en première instance, soit en évo-
quant les litiges pendant devant une juridiction quelconque.
Il répondait aussi directement aux fonctionnaires qui le
consultaient sur la direction qu'ils devaient suivre et sur les
devoirs de leurs charges, et même aux particuliers qui soumettaient à sa décision des cas douteux ou non prévus par
la loi. Souvent ces décisions particulières n'établissaient pas
un droit nouveau, mais tendaient seulement à rappeler à
l'observation de règles déjà existantes ; mais, dans
tous les cas et de quelque manière qu'elles vinssent à la
connaissance du public, il était autorisé à s'en prévaloir
dans les cas semblables, et elles obtenaient à raison de l'omnipotence impériale la force de la loi.

Ces explications feront facilement comprendre la diversité
des noms sous lesquels se présentent les constitutions impériales.

On y distingue les lois proprement dites, *constitutiones,
edicta;*

Les rescrits qui comprennent les *sanctiones pragmaticæ* et
les *epistolæ*, et qui sont des réponses à des mémoires adres-
sés par des fonctionnaires ou des particuliers ;

Les *mandata* qui sont les instructions spontanément ad-
dressées aux fonctionnaires ;

Et enfin les *decreta* qui sont les décisions rendues sur
procès.

Nous avons, dans les recueils du Droit romain qui nous
sont parvenus, un grand nombre de ces diverses espèces de
constitutions impériales.

Le Droit prétorien, tel que nous l'avons fait connaître dans
la période précédente, continua aussi de se produire dans le

commencement de la période impériale, sous sa forme ordinaire d'édits renouvelés par chaque magistrat qui entrait
en charge. Mais la distinction entre l'édit du *prætor urbanus* ,
du *prætor peregrinus* et des magistrats des provinces, qui
était fondée sur la différence que les Romains faisaient encore
entre le *jus civile* et le *jus gentium* , tendit à disparaître dans
l'unité et l'omnipotence du pouvoir impérial. A partir des
règnes d'Adrien et de Marc-Aurèle, il n'y eut même plus
qu'un édit pour tout l'empire. L'empereur Adrien alla encore plus loin, en chargeant Salvius Julianus, préteur désigné, de réunir en un seul tout et en suivant un certain
ordre de matières, toutes les dispositions des édits antérieurs
tant du préteur *urbanus* que du préteur *peregrinus* , en
faisant disparaître les dispositions qui avaient vieilli ou qui
étaient contradictoires; et, en vertu de la puissance impériale, il déclara définitivement exécutoire pour tout l'empire
ce travail qui reçut le nom d'édit perpétuel.

On n'est pas d'accord sur le point de savoir si l'édit perpétuel fut d'une manière absolue la dernière forme affectée
par le Droit prétorien, et si les magistrats qui vinrent après
sa promulgation ne jouirent pas du droit d'y apporter de
nouveaux changements, et n'en firent pas en effet. Mais il
est certain que ces changements, s'ils ont existé, n'eurent
pas une grande importance. L'empereur Adrien avait
d'ailleurs adopté une grande mesure politique qui devait
tarir dans sa source le pouvoir que le préteur avait pu continuer d'exercer jusques là, en restreignant son autorité à la
ville de Rome, et en soumettant tout le reste de l'Italie à
des personnages consulaires qui étaient purement les organes
de ses volontés.

On peut donc admettre que tout l'ensemble du Droit prétorien, lentement élaboré pendant plusieurs siècles, vint
définitivement se résumer dans l'édit perpétuel d'Adrien.
Cet édit n'a pas par lui-même une grande importance pour
l'étude actuelle du Droit romain, parce qu'il ne nous en est

parvenu que quelques fragments fort incomplets ; mais il a
donné lieu à de nombreux et importants commentaires, de
la part des jurisconsultes dont les travaux ont composé plus
tard les grands recueils du Droit romain que nous possédons,
et qui ont ainsi reproduit pour l'avantage des temps modernes une grande partie des richesses juridiques qui y
avaient été déposées.

Ces travaux des jurisconsultes, rapprochés des décisions
impériales, formèrent aussi dans cette période l'une des
sources les plus précieuses du Droit. Ils eurent une importance plus grande que celle qui s'attachait, dans la période
précédente, aux *responsa prudentum,* à raison de circonstances qu'il est important de connaître.

L'édit du préteur et les autres sources du Droit que nous
avons fait connaître, avaient accumulé une masse de matériaux auxquels la diversité des situations politiques avait
souvent communiqué un esprit opposé. Il était devenu indispensable que des travaux scientifiques vinssent mettre de
l'ordre dans ce cahos et en faciliter l'application pratique.
Dès le temps de l'empereur Auguste, on avait admis le principe que chacun ne pourrait plus, comme autrefois les grands
de Rome le pratiquaient, *publicè de jure respondere.* Il fallait
pour cela une autorisation spéciale de l'empereur. Il se forma
ainsi une classe particulière de jurisconsultes dont les décisions acquirent un grand poids, sans avoir toutefois force de
loi ; au moins il n'existe sur ce point aucun document positif.

Mais sous Adrien, un rescrit établit le principe formel que
les avis exprimés par ces jurisconsultes, quand ils seraient
unanimes et qu'il les aurait donnés par écrit revêtu de leur
sceau, auraient force de loi, sous le nom de *Sententiæ,* et
seraient pour le juge une règle obligatoire. Lorsque ces jurisconsultes étaient d'avis différents, le juge pouvait choisir
suivant sa conscience, mais sans s'écarter de l'un ou l'autre
de ces avis.

Bien plus avant comme après Adrien, les empereurs, appelés par leur omnipotence à rendre des décisions si nombreuses et si diverses, eurent soin de s'entourer d'un conseil choisi parmi les plus célèbres de ces jurisconsultes pour les préparer.

Voilà où a été la cause véritable de la grande fortune et de l'autorité qu'a exercé le Droit romain dans les temps postérieurs. Si l'ère impériale fut fatale à la liberté politique, et produisit même avec le temps un avilissement des caractères qu'il est permis de déplorer, il est vrai aussi que l'autorité de l'empereur sut réunir autour de lui, dans la capitale du monde d'alors, tous les talents et toutes les lumières; qu'elle laissa, dans tout ce qui touchait à l'interprétation rationnelle dans les intérêts privés, la plus grande liberté, et que, dans cette position, le génie positif du peuple romain, mis en contact perpétuel avec tous les peuples de l'univers, produisit des jurisconsultes éminents et des ouvrages juridiques dignes d'admiration.

Ces hommes distingués n'étaient pas seulement appliqués au Droit, ils étaient aussi de grands philosophes. C'est l'époque des grandes luttes philosophiques de la doctrine stoïcienne qui se produisit alors pour renverser toutes les sectes matérialistes qui l'avait précédée, et frayer les voies au christianisme dont les idées commençaient aussi à s'accréditer. Il y eut des écoles parmi les jurisconsultes comme parmi les philosophes qui prirent, du nom de ceux qu'ils reconnaissaient comme chefs, les noms de Proculiens, de Pégasiens, de Cassiens, de Sabiniens et autres. On voit dans les recueils que très-souvent l'autorité impériale dut intervenir pour terminer leurs querelles et fixer, au milieu des divergences de leurs idées, la direction pratique que suivrait le Droit.

Ces querelles furent éminemment profitables à la science. Un esprit de justice et d'égalité, et même de respect pour la dignité individuelle de l'homme, se fit jour dans le Droit où il n'avait pas encore beaucoup pénétré. Le *jus gentium* se fondit tout-à-fait dans le Droit civil; et, si les grandes institutions de la famille et de l'esclavage ne furent pas reconstituées, ce qui devait être l'œuvre d'autres temps, au moins elles reçurent plusieurs adoucissements.

Les ouvrages importants, émanés des jurisconsultes de cette époque, étaient de genres fort différents. C'étaient quelquefois des ouvrages élémentaires succincts, dont les titres étaient : *Institutiones, Elementa, Definitiones, Regulæ, Enchiridia;* quelquefois aussi des commentaires sur l'édit perpétuel, la source la plus riche en matériaux des temps antérieurs, *Libri ad edictum;* ou bien sur les ouvrages de quelques jurisconsultes estimés et chefs d'école, comme *Libri ad Sabinum, Notæ ad Papinianum.*

Enfin, quelquefois c'étaient des traités sur quelque point controversé ou sur quelques questions, comme *Libri quæstionum, disputationum, differentiarum,* etc.

Très-peu de ces ouvrages nous sont parvenus en original, et nous n'en connaissons quelques parties que par les grandes compilations faites sous le règne de l'empereur Justinien, qui leur est postérieur de beaucoup, puisque tous avaient paru avant le règne de Dioclétien. Ce règne ferme l'époque de la période brillante du Droit.

Nous avons cependant, grâces aux recherches des philologues, quelques richesses originales en ce genre, dont voici l'énoncé.

C'est d'abord un fragment d'Ulpien appartenant vraisemblablement à son *Liber regularum,* appelé aujourd'hui *Ulpiani fragmenta,* et fréquemment réimprimé.

Ensuite l'ouvrage du jurisconsulte Gaius, intitulé *Institutionum commentarii quatuor.* Il était déjà en partie connu, surtout par les extraits qu'en avait donné l'auteur visigoth du *Breviarium alaricianum,* livre que nous ferons connaitre un peu plus loin, lorsque par un hasard heureux un savant Allemand, Nieburh, le découvrit en entier dans un manuscrit palimpseste du chapitre de Vérone. Le texte, quoique altéré sur plusieurs points, a été restitué avec soin et depuis imprimé plusieurs fois, soit en France, soit en Allemagne.

Il existe quelques autres ouvrages de moindre importance, dus à des découvertes plus récentes, comme les *Fragmenta vaticana*; mais sur lesquels il est bon d'attendre encore les résultats des recherches savantes dont ils sont l'objet.

Rappelons maintenant en peu de mots avant de quitter cette période que nous avons poussée jusqu'au règne de Constantin, les modifications essentielles survenues dans les principales institutions qui ont déjà fixé notre attention dans les périodes précédentes.

Nous voyons par les efforts qui furent faits pour prévenir l'invasion de la religion chrétienne et les déterminations politiques qui furent fréquemment prises dans ce but, quel intérêt les Romains avaient continué d'attacher à leur culte : il finit cependant par s'opérer sur ce point une grande révolution dans leurs idées, puisque l'avènement de Constantin marque l'époque de la substitution de la nouvelle religion comme religion de l'État, à l'ancienne religion des Romains. À ce grand changement se rapportent beaucoup de ceux qui s'opérèrent dans la législation.

Le Droit de cité romaine dont les Romains s'étaient montrés si jaloux en refusant aux étrangers non-seulement toute participation aux droits politiques, mais encore le droit de contracter des alliances, d'avoir le domaine quiritaire et toutes les conséquences qui en dépendaient, devait naturellement devenir moins précieux à mesure que la masse du peuple se trouvait plus frustrée de toute participation au gouvernement de l'État : il n'avait plus qu'un intérêt purement civil. Depuis longtemps l'Italie toute entière avait obtenu la plénitude de ce privilége, lorsque l'empereur Caracalla l'étendit à toutes les provinces romaines comprenant alors la presque totalité du monde connu ou civilisé. On a dit que cette grande mesure ne fut suggérée à cet empereur que par un but de fiscalité, et pour étendre à tout l'empire un impôt précédemment affecté aux citoyens romains, mais dans tous les cas elle ne devint possible alors que parce que dans le fait, la fusion du *jus gentium* avec le Droit civil se trouvait à peu près réalisée et avait passé dans les mœurs.

Il n'y eut plus alors entre les personnes que la distinction des hommes libres et des esclaves ou des affranchis : ces derniers même acquirent souvent et suivant les formes de leur affranchissement la qualité de citoyens romains, mais ils pouvaient rester sous le nom de *Latini Juniani* ou de *Deditices* dans un état d'infériorité politique.

On continua toutefois de maintenir la distinction des propriétés en domaine quiritaire et domaine bonitaire : mais les effets de cette distinction s'affaiblirent de plus en plus jusqu'à Justinien qui la détruisit entièrement, soit parce que les privilèges de la propriété quiritaire ne furent pas toujours respectés par les empereurs qui la grevèrent de certains impôts contre sa nature primitive qui était de rester libre en la main du possesseur, soit parce que le domaine bonitaire se trouva au contraire de mieux en mieux garanti d'une manière fixe et permanente et finit par obtenir presque tous les privilèges du domaine quiritaire. Au temps de Justinien, la différence n'était plus que dans les mots, et la constitution de cet empereur *de nudo Jure quiritium tollendo* qui, quelques siècles auparavant aurait été une grande révolution, put passer complètement inaperçue (1).

Quant à la constitution de la famille, nous avons déjà dit qu'elle ne fut pas modifiée dans son organisation positive ; seulement la position de la femme et du fils de famille reçurent, des dispositions sur la dot et sur les pécules qui seront expliquées dans le cours spécial de Droit romain, de nouvelles garanties centre l'autorité illimitée du *pater familias*.

(1) Les termes même de cette constitution de Justinien rapportés dans le code liv. 7, tit. 25, prouvent que lorsqu'elle fut rendue, le sens de la vieille distinction n'était plus compris : *nomen ex jure quiritum vacuum verbum quod nil ab œnigmate discrepat*, dit l'Empereur.

De Constantin à Justinien.

Cette dernière période fut pour l'empire romain une époque de décadence politique, et le Droit, malgré toutes les richesses que les siècles précédents avaient accumulé, partagea cette décadence.

Sous Constantin fut jeté le fondement de la division de l'empire par la translation de la capitale à Constantinople : il y eut bientôt un empire d'Orient et un empire d'Occident : l'empire d'Occident, dévasté par les invasions des peuples barbares, cessa d'être en communauté d'institutions politiques avec l'empire d'Orient, et le Droit dès-lors subit, dans tous les deux, des vicissitudes très-diverses.

Le Droit romain, exilé à Constantinople où sa langue même était mal comprise, ne put y prendre de nouveaux développements, et toutes les mesures auxquelles recoururent Constantin et ses successeurs en témoignent : non-seulement il n'y avait plus d'édits annuels comme autrefois pour le Droit prétorien, mais il n'y avait plus même de jurisconsultes capables de se reconnaître au moyen du fil de la science dans les grandes collections qu'on possédait, et on voit que l'autorité se préoccupait surtout de chercher des moyens qui ne fussent pas au-dessus de l'intelligence de ceux qui devaient pourvoir à l'application du Droit.

Constantin et ses successeurs firent dresser des recueils à cette intention pour indiquer aux juges des autorités qu'ils pussent facilement consulter dans tous les cas : on ne connaît cependant positivement sur ce point qu'une constitution de Valentinien III, d'après laquelle tous les écrits de cinq jurisconsultes de la période précédente, Papinien, Paul, Gaius,

Ulpien et Modestin, devaient avoir force de loi. Les autres jurisconsultes n'avaient la même prérogative qu'autant qu'ils étaient cités dans les écrits des précédents : bien plus, si les jurisconsultes, revêtus d'une autorité législative, venaient à n'être pas d'accord entre eux, l'avis de Papinien l'emportait : ce n'était que quand Papinien ne s'était pas expliqué que le juge pouvait chercher en lui-même les motifs de se décider entre les autres jurisconsultes, et encore était-il contenu par une autre décision de Constantin qui avait ordonné que dans tous les procès où il s'élèverait des doutes sur les limites de l'interprétation et sur la question de savoir jusqu'à quel point on pouvait faire prévaloir l'équité sur le droit strict, le juge devait s'abstenir de décider par lui-même et recourir à l'empereur.

Rien ne témoigne mieux que cette défiance de l'autorité impériale de l'état où tombait le Droit dans l'empire gréco-romain. La tendance à ce despotisme oriental qui a depuis si malheureusement prévalu se manifestait déjà ; il s'agissait de lutter contre l'ignorance du juge et l'arbitraire de sa volonté substitué au droit, sous l'apparence de l'équité naturelle, et c'est à quoi s'efforcent de pourvoir les constitutions des empereurs.

L'action de l'autorité impériale devenant la seule dans l'État, les constitutions de toute espèce émanées d'eux durent se multiplier de plus en plus. C'est ce qui arriva en effet, et c'est dans cette période la seule source du Droit. On a souvent remarqué qu'elle n'avait pas échappé à la décadence qui avait atteint toutes les autres sources des institutions juridiques. Dans la forme, elles deviennent presque toujours incorrectes, affectées et prolixes ; dans le fond, on leur a souvent reproché de l'arbitraire.

On ne manqua pas de faire pour ces constitutions des recueils : d'abord il y en eut qui n'étaient que des ouvrages privés qui furent vraisemblablement adoptés dans le public à cause de leur commodité. Les principaux sont connus sous le nom de Code Grégorien et Hermogénien, du nom de leurs auteurs : ils comprenaient les constitutions des empereurs jusqu'à Constantin.

Mais ensuite Théodose II fit dresser une collection officielle pour les édits postérieurs à Constantin qui fut publiée l'an 438 de notre ère. Cette collection connue sous le nom de Code Théodosien a une très-grande importance : elle s'est conservée jusqu'à nous, mais non dans son intégrité, car on en découvre chaque jour de nouvelles parties qui servent à combler les lacunes qu'on y remarque et qui sont nombreuses. Elle pénétra en Italie et même dans les Gaules ; et elle fut suivant au moins ce qui paraît le plus probable, la dernière expression du Droit romain proprement, dit dans ce dernier pays.

Le Code Théodosien précéda de près d'un siècle le règne de Justinien : c'est à ce dernier empereur, dont le règne ne fut pas sans éclat sous le rapport des évènements politiques, et qui parvint à repousser et à éloigner pour un temps l'invasion des peuples barbares dont l'empire était toujours menacé, que nous devons le plan et l'exécution d'une grande réforme juridique qui nous a conservé la plus grande partie des richesses qui s'étaient accumulées chez les Romains.

Il voulut non-seulement porter partout l'ordre et la lumière, mais par des décisions émanées de lui, faire cesser toutes les contradictions et les divergences qui se présentaient sur un grand nombre de points et avec l'aide et le concours de son conseiller Tribonien, secondé par une réunion des jurisconsultes les plus estimés du temps, il réussit dans cette œuvre difficile bien au-delà de ses prédécesseurs.

Le plan de cette réforme législative était de créer deux recueils dont l'un devait contenir les constitutions des empereurs, et l'autre, tout ce qui était encore applicable dans l'ancien Droit et les écrits des jurisconsultes en écartant toutes les vues opposées ou en les conciliant de manière à tracer au juge une règle facilement applicable. Si sous ce dernier rapport surtout le résultat de ce travail ne fut pas irréprochable, il est incontestable, cependant, qu'à raison de l'immensité des matériaux qu'ils eurent à compiler et à ordonner, les rédacteurs montrèrent une grande science jointe à une remarquable activité.

Le premier recueil qui devait contenir les constitutions des empereurs et qui avait déjà pour modèle le Code Grégorien et Hermogénien et le Code Théodosien fut promptement achevé. Commencé en 528, il parut dès l'année 529 ; mais presqu'aussitôt et avant la publication de l'autre recueil auquel on travaillait, Justinien en ordonna une révision pour y ajouter plusieurs constitutions émanées de lui, et notamment cinquante décisions par lesquelles il avait tranché une série de controverses pratiques entre les anciens jurisconsultes qu'on avait rencontrées en rédigeant le second recueil. Le nouveau Code révisé parut en 534 et prit le nom, pour le distinguer du premier, de *Codex repetitæ prælectionis*.

Le second recueil, connu sous le nom de Digeste ou Pandectes, commencé en 530 parut en 533. D'après les instructions dont Justinien fit précéder ce travail, tous les ouvrages des anciens jurisconsultes devaient être examinés pour en extraire ce qu'il y avait de pratique et d'applicable. A l'exemple de son prédécesseur, Valentinien III, il voulut qu'on donna force de loi à toutes les décisions de ces jurisconsultes, mais sans que l'on fit aucune distinction entre eux. Il pensait que cet état de choses serait exempt de tout inconvénient au moyen de ce que tous les extraits seraient classés avec ordre, d'après un système déterminé, et en faisant soigneusement disparaître tous les doutes et toutes les contradictions. Les commissaires avaient, sous ce dernier rapport, le pouvoir de toucher au besoin aux textes originaux en ajoutant ou retranchant. Et c'est dans le sens de ces instructions qu'ils accomplirent leur œuvre en mettant à contribution les écrits de trente-neuf jurisconsultes.

Après la rédaction de ces deux grands recueils, Justinien

songea à en faciliter l'étude, et comme leur étendue les rendait peu accessibles aux débutants dans la carrière juridique, il fit encore rédiger sous le titre d'Institutes, un livre renfermant seulement les éléments de la science pour servir d'introduction à la connaissance du Digeste et du Code : ce livre qui est celui-là même qui sert à l'enseignement actuel du Droit romain parut en 533 en même temps que les Pandectes : il fut rédigé sur le modèle des Institutes de Gaius.

Enfin, dans la suite de son règne, Justinien continua de porter plusieurs constitutions ayant pour objet d'opérer des réformes importantes dans la législation. Ces constitutions, qui furent presque toutes publiées en langue grecque reçurent le nom de *Novellæ constitutiones*, et sous ce titre elles forment un supplément naturel au *Codex repetitæ prælectionis*.

Il est inutile d'entrer dans de plus grands détails sur ces recueils sur lesquels l'étude du Droit romain dans les Facultés doit appeler spécialement et principalement l'attention, et sur la composition desquels on aura par conséquent occasion d'apprendre tout ce qu'il importe de connaître.

Le Droit romain de Justinien resta dans l'empire grec d'O-rient la base du Droit pratique : seulement le latin ayant cessé d'être en usage, ses recueils furent traduits en langue grecque : la décadence constante de cet empire dans la longue période pendant laquelle il continua de subsister, explique l'absence presque absolue de changements ou même de commentaires à cette époque : on ne peut guères citer qu'une paraphrase grecque des Institutes par le professeur Théophile qui en avait été l'un des rédacteurs et un abrégé écrit en latin des Novelles par le professeur Julien, connu sous le nom d'*Epitome novellarum*, et qui fut vraisemblablement publié dès le règne de Justinien.

Plus tard, pour donner un caractère officiel aux diverses traductions grecques des recueils de Justinien, et aussi pour en faciliter l'usage en les resserrant encore davantage, on fondit en un seul ouvrage, composé de soixante livres, les Institutes, les Pandectes, le Code et les Novelles. Ce nouveau recueil, qui est du neuvième siècle, fut appelé du nom de son auteur, l'empereur Basile, les Basiliques. Il eut pour effet de faire oublier en Orient ceux de Justinien.

Pour ce qui concerne l'empire d'Occident, il était tombé depuis longtemps en proie aux invasions des barbares lorsque parut Justinien. Néanmoins, les expéditions heureuses de cet empereur ayant momentanément rattaché l'Italie à sa domination, il put y faire pénétrer l'autorité de sa législation : et bien que ce pays ait été ensuite promptement séparé de nouveau de l'empire grec, cette législation s'y maintint à peu près sous la domination des Francs et des Lombards. Elle y vivait au moins dans les traditions et les coutumes, lorsqu'au douzième siècle, des circonstances politiques plus heureuses favorisèrent la renaissance des études juridiques : les universités d'Italie et notamment celle de Bologne remirent le Droit romain en honneur et lui rendirent un éclat qui produisit dans toute l'Europe les plus grands effets et la plus vive impulsion. Nous aurons, dans le chapitre qui va suivre, à montrer quel fut pour la France en particulier le résultat de ce mouvement intellectuel auquel elle s'associa vivement un peu plus tard.

Les travaux des jurisconsultes qui travaillèrent ainsi à la restauration du Droit romain, au moment de la renaissance, forment ce qu'on a appelé l'école des glossateurs, parce que plusieurs d'entre eux s'appliquaient à annoter et concilier les textes, et ces annotations insérées entre les lignes du texte même ou en marge, prirent le nom de glose; quelques-unes de ces annotations ont eu beaucoup d'importance, comme celles attribuées à Irnérius sur le Code et qui servent à indiquer les changements postérieurs introduits par les Novelles de Justinien: sous le nom d'Authentiques, elles finirent presque par s'incorporer avec le texte et à exercer une égale autorité.

Ce furent aussi les glossateurs qui réunirent les Novelles à mesure qu'ils les découvrirent en un volume divisé en neuf parties : celles découvertes isolément à une époque postérieure furent ensuite ajoutées plus tard sous le nom d'*Extravagantes*.

§ II.

Notions abrégées de l'histoire du Droit français.

Les notions historiques sur le Droit romain qui précèdent, constituent déjà une grande partie de l'histoire du Droit français. On sait, en effet, que pendant plusieurs siècles l'autorité de Rome a gouverné le pays que nous habitons, et lui a imposé ses lois, et nous avons déjà dit qu'à une époque plus récente, la France avait fait des efforts pour restaurer chez elle l'ancien Droit romain et pour lui rendre sa prépondérance et son autorité : il n'est donc pas étonnant qu'en faisant l'historique des vicissitudes et des origines du Droit romain, on travaille en même temps à montrer les origines du Droit français.

Mais le Droit français n'est pas et n'a jamais été purement romain : il a reçu des traditions et du génie particulier des divers peuples qui ont passé sur le territoire de la France un caractère qui lui est propre et qui le distingue, et c'est surtout cette partie de ses origines que nous voudrions maintenant faire connaître.

Nous ne voulons pas mieux ici que pour le Droit romain faire une histoire développée qui exigerait des volumes; nous laisserons de côté beaucoup de détails pour nous borner à indiquer les sources du Droit et rechercher l'esprit des principales institutions, comme la propriété, la justice, la famille. C'est d'après les idées dominantes sur ces points principaux que se trouvent réglées, comme on le comprend sans peine, les institutions secondaires.

Il conviendra ici, comme nous l'avons fait pour le Droit. romain, de diviser les temps que nous avons à parcourir d'après les évènements principaux qui ont concouru à donner une certaine direction aux institutions juridiques.

Depuis les Gaulois jusqu'à la fin du règne de Charlemagne.

Les premiers habitants connus de la France sont les Gaulois : nous ne les connaissons même d'une manière un peu positive, qu'à l'époque de la grande invasion romaine qui les subjugua, par le récit des historiens romains de cette époque, et notamment par les commentaires de César : ils nous apparaissent comme des peuples à usages et coutumes encore primitifs, doués de qualités brillantes et de vertus guerrières : ils développèrent devant l'invasion un beau caractère national, mais il leur manquait l'organisation qu'ils auraient trouvée dans une civilisation plus avancée.

Il est possible que quelques-unes de nos institutions civiles remontent jusqu'à eux, et il existe sur quelques points des travaux érudits qui tendraient à le prouver ; mais on peut cependant n'attacher à cette origine qu'une faible attention. D'une part nous n'avons qu'une connaissance très-imparfaite de leur législation, de l'autre, les effets terribles de la conquête romaine qu'ils eurent à subir et à la suite de laquelle s'établit une domination qui dura 500 ans et contre laquelle il n'y eut jamais de réaction de leur part, les a entièrement effacés. Longtemps avant qu'il fût question de la France, il n'y avait plus de Gaulois, mais seulement des Romains dans la Gaule.

Il faut à cet égard se faire une juste idée de cette domination romaine dont les conquêtes des temps postérieurs sont loin de faire comprendre les effets et la portée.

Entrés dans le pays par Marseille, près d'un siècle avant notre ère, les Romains s'étaient bientôt rendus maîtres des provinces du sud-est que nous habitons ; dès-lors ils s'étaient emparés de la plus grande partie du sol, accablant d'impôts et d'exactions ce qui restait aux vaincus, repoussant leur culte, leur législation, leurs coutumes, leur imposant leurs propres lois et les faisant gouverner par des proconsuls dont le nom seul rappelle tous les excès de la tyrannie : si l'on veut avoir une peinture exacte de ce terrible état, il suffira de lire dans les œuvres de Cicéron l'oraison *Pro Fonteio*.

Après la grande conquête par César qui leur soumit tout le pays, les Romains ne montrèrent pas un autre esprit. Les gouverneurs des provinces réunirent dans leurs mains tous les pouvoirs administratifs et judiciaires, sauf des exceptions sans importance pour quelques villes qui avaient obtenu ce qu'on appelait alors le *jus italicum*, et dont les municipalités participaient dans des limites étroites à l'administration de la justice toujours rendue d'après la loi romaine. Il faudrait encore, pour être exact, mentionner l'institution d'un fonctionnaire appelé *defensor*, créé dans les derniers temps par l'influence du clergé, dont la mission était de défendre au besoin contre le gouverneur lui-même les intérêts de la population, et qui avait aussi une juridiction pénale pour les délits légers : mais, dans le fait, on peut considérer ce moyen d'équilibre contre la puissance romaine comme parfaitement insignifiant.

Sans doute les Gaules, sous cette domination, ne furent pas dépourvues de tout avantage à cause de la grande supériorité de civilisation du pouvoir romain : elles trouvèrent dans l'administration savante qui s'établit des sources de prospérité auxquelles la société gauloise, encore dans l'enfance, eût été sans doute incapable de prétendre. Pendant le deuxième et le troisième siècle surtout on voit les villes s'enrichir et s'augmenter, et le pays se couvrir de travaux publics très-importants : mais à notre point de vue, ceci ne fait qu'appuyer la pensée que nous avons émise sur la non-persistance des institutions nationales gauloises, et sur l'entière absorption du pays dans le Droit et les institutions des Romains, surtout après que leur domination se fut prolongée pendant plusieurs siècles.

A l'époque de la décadence de ce pouvoir romain, on voit que la population est entièrement classée suivant l'organisation romaine en hommes libres et esclaves ou colons de diverses espèces. Il y avait dans la population libre une classe supérieure qui se composait de familles sénatoriales, c'est-à-dire appelées par l'autorité de l'empereur à siéger dans le sénat romain. Une classe de propriétaires aisés qui, à l'exemple des municipes d'Italie, composaient dans les villes une espèce de municipalité ou de curie et que pour cela on appelait curiale ou décurion. On peut voir dans l'histoire comment cette qualité de curiale devint dans les mains du despotisme romain l'instrument d'une affreuse oppression qui ne tarda pas à faire disparaître tous les signes de prospérité apparente momentanément acquis au pays. Enfin on comptait comme formant une troisième classe les propriétaires trop peu aisés pour faire partie de la curie, et les artisans libres, catégorie qui s'était nouvellement formée à la suite des affranchissements et par le résultat des institutions romaines sur l'esclavage.

Tout le pays était ainsi entré dans des conditions qui ne laissaient plus de place aux anciens usages gaulois.

Pour les remplacer, une seule influence qui pouvait être considérée comme nationale et ayant par là quelque force, s'était formée en dehors de l'administration romaine, c'était celle du clergé chrétien. Les idées chrétiennes exerçaient déjà à cette époque dans les Gaules, un grand empire sur les esprits, et lorsqu'arriva la décadence du pouvoir romain qui succombait sous ses propres vices, avant que l'invasion des peuples germaniques vint entièrement l'anéantir, on en eut, ainsi que nous l'allons voir, la preuve éclatante.

C'est dans ces peuples d'origine germanique qu'il faut voir véritablement l'un des éléments essentiels de la civilisation française, comme un surplus de presque tous les peuples de l'Europe. Ce sont eux qui, en venant occuper le sol, y transportèrent leurs coutumes et leurs idées nationales, que nul conquérant ne tenta jamais depuis d'extirper, et qui, sans faire disparaître les traditions romaines, les modifièrent au moins profondément en coexistant avec elles. C'est là qu'il faut surtout porter nos études et notre attention.

Il y avait bien du temps déjà, au cinquième siècle, que ces peuplades barbares menaçaient l'empire ; elles avaient été souvent soumises et vaincues, mais elles reparaissaient toujours plus fortes et plus aguerries. Dans sa faiblesse, l'empire avait fini par traiter avec elles. On admit les Barbares dans les légions romaines. On fit plus, on leur donna des terres et des contrées entières qu'on exempta même de tout impôt, à la seule condition du service militaire, charge qui passait des pères aux enfants. Par là on s'était mis presque à leur discrétion, et ils furent maitres en effet dès lors qu'ils le voulurent.

Trois peuplades principales consommèrent l'invasion des Gaules : les Bourguignons, les Visigoths et les Francs. Beaucoup d'autres se promenèrent sur son territoire, mais les uns ne firent que s'y montrer ; les autres y furent promptement absorbées ; celles que nous avons nommées méritent seules l'honneur de figurer parmi nos ancêtres.

Les Bourguignons s'établirent définitivement en Gaule de l'an 406 à l'an 413 ; ils occupèrent les pays que nous habitons. Leurs limites peuvent être indiquées entre le Jura, la Saône et la Durance. Lyon était le centre de leur domination.

Les Visigoths, de l'an 412 à l'an 450, occupèrent les provinces comprises entre la mer, la Durance, la Loire et les Pyrénées.

Les Francs, de l'an 481 à l'an 500, s'établirent entre le Rhin, l'Escaut et la Loire, laissant de côté cependant la Bretagne et une portion de la Normandie. Leurs capitales étaient Soissons et Paris.

Malgré la communauté d'origine de tous ces peuples, il y avait entre eux de grandes différences. Depuis longtemps les Bourguignons et les Goths étaient en rapport avec les Romains; ils avaient vécu dans l'empire et étaient convertis au christianisme. De plus ils vinrent occuper des pays où le Droit romain, implanté depuis plus longtemps, avait poussé des racines plus profondes.

Au contraire, les Francs étaient complètement étrangers et dans toute l'énergie de leur nature primitive; ils n'avaient point encore adopté la religion chrétienne, et la partie septentrionale de la France qu'ils occupèrent avait beaucoup moins subi que le midi l'influence de la civilisation romaine.

Bien que les Francs se soient bientôt après rapprochés des provinces méridionales, puisque, avant 550, la partie du royaume appartenant aux Bourguignons et aux Visigoths, avait été conquise par eux, et au moins momentanément envahie sinon gouvernée, la différence de ces précédents est très-sensible dans les monuments législatifs qui nous sont restés d'eux.

Ces monuments consistent dans plusieurs recueils de lois, connus sous le nom de loi salique, loi des Ripuaires, loi des Bourguignons, loi des Visigoths.

La loi salique la plus célèbre de toutes, à raison du rôle qu'on lui a fait jouer relativement à la transmission de la couronne en France, pour en tirer la preuve que le principe qui en exclut les femmes y était déjà posé, ce qui ne peut être dans la vérité des faits considéré comme une assertion sérieuse, la loi salique, disons-nous, est celle qui fut rédigée chez les Francs Saliens, l'une des principales tribus ou réunions de tribus des Francs.

C'est de toutes celle qui porte le plus l'empreinte d'un état social encore dans l'enfance et voisin de la barbarie. Aussi est-ce encore entre les érudits un sujet de vive controverse, de savoir si elle fut rédigée avant ou après l'invasion. Ses dispositions sont presque toutes pénales, très-peu se rapportent à des institutions civiles et encore moins à des institutions politiques. Les peines établies consistent presque toutes en une composition pécuniaire à laquelle chaque crime est pour ainsi dire tarifé, et que l'offensé a le choix d'accepter au lieu de poursuivre une vengeance personnelle. C'est là moins une législation criminelle proprement dite qu'un simple essai assez peu efficace pour mettre fin à la lutte désordonnée des forces individuelles.

Les moyens de preuve sommairement indiqués ne sont autres que le recours au jugement de Dieu, dans l'épreuve du combat, quelquefois les dépositions des témoins, plus souvent le serment des *conjuratores*, c'est-à-dire que l'accusé se présentait devant ses juges, accompagné d'un certain nombre de parents ou d'amis qui venaient jurer par serment qu'il n'avait pas fait ce qu'on lui imputait.

La loi des Ripuaires, qui était celle d'une autre partie des Francs établis sur les rives du Rhin et que les Romains avaient, à raison de cette circonstance, désigné sous le nom de *Ripuarii,* offre avec la loi salique la plus grande analogie. On s'accorde cependant à la regarder comme postérieure en date et comme présentant des caractères indiquant des progrès plus étendus dans la civilisation. Ainsi la pratique du combat judiciaire entre l'offenseur et l'offensé, qui bien que portant en elle-même des signes de barbarie peut cependant être considérée comme capable de mettre un frein au désir de la vengeance personnelle, y est réglée avec quelques soins. Il y a aussi un plus grand nombre de dispositions relatives au

Droit civil, et quelquefois on y reconnaît l'influence de la loi romaine.

La loi salique et la loi des Ripuaires n'ont pas, aux yeux de beaucoup de savants, le caractère de législation proprement dite, ce sont plutôt de simples recueils de coutumes. Il n'en est pas de même de la loi des Bourguignons et surtout de celle des Visigoths. Celles-ci portent évidemment le caractère de dispositions émanées d'un pouvoir régulier et prises dans un intérêt public.

La loi des Bourguignons, publiée à ce que l'on croit sous le règne de Gondebaud, vers 468, et de là appelée aussi *loi Gombette*, et successivement augmentée jusqu'en 534, époque où ce royaume tomba au pouvoir des Francs, montre la trace visible d'une civilisation toute romaine. Les rois qui légifèrent affectent de se modeler sur la puissance impériale et reproduisent plusieurs dispositions de leurs lois. Son autorité continua de subsister malgré l'occupation du pays par les Francs.

La même observation s'applique à un plus haut degré encore à la loi des Visigoths; mais il faut remarquer que cette loi, dont le recueil est connu sous le nom de *Forum judicum*, n'a été rédigée que dans le huitième siècle, et alors que les Visigoths, chassés de France, avaient déjà établi en Espagne le siège de leur empire. On n'y retrouve presque pas de trace des institutions germaines. C'est un code tout romain et clérical, et qui fut vraiment l'œuvre du clergé dont la puissance chez cette nation était à peu près exclusive dans les assemblées célèbres des conciles de Tolède.

Ce recueil ne fut pas sans doute la première rédaction des coutumes des Visigoths. On sait même que pendant qu'il régnait encore à Toulouse, leur roi Euric les avait fait écrire vers la fin du cinquième siècle; mais son ouvrage ne nous a pas été conservé.

Toutes ces lois semi-barbares, sauf la dernière, sont précieuses à connaître sous le rapport de nos antiquités nationales, non que leurs dispositions aient pu se perpétuer jusqu'à nous, mais parce qu'elles donnent, sans même avoir cette intention, des documents importants sur la nature des institutions primitives et sur la tendance des usages nationaux des peuples que nous étudions.

Ainsi elles révèlent d'abord clairement ce fait important, que la conquête des peuples germaniques ne fut pas à beaucoup près oppressive, comme l'avait été la conquête romaine, puisque les Gallo-Romains obtinrent partout, même sous l'empire de la loi salique, le droit de continuer à suivre leurs propres lois; et, quant à leur culte, on sait que non-seulement les vainqueurs ne s'en montrèrent pas ennemis, mais qu'ils l'adoptèrent promptement, et laissèrent ainsi prendre à leur clergé une influence qui produisit en faveur des vaincus les effets les plus importants.

Dans les provinces occupées par les Bourguignons et les Visigoths, où l'influence romaine se maintint davantage, non-seulement les Romains furent promptement mis dans un état d'égalité parfaite, avec les envahisseurs qui s'étaient bornés à garder pour eux une certaine partie des terres, mais on voit que les souverains s'occupèrent de faire recueillir et classer les lois romaines, telles qu'elles étaient en vigueur, pour l'usage et la commodité de leurs sujets romains.

Ainsi, chez les Visigoths, le roi Alaric fit publier, vers l'an 500, un recueil aujourd'hui connu sous le nom de *Breviarium Alaricianum*, et qui comprenait le code théodosien, au moins en partie; les novelles de plusieurs empereurs; les institutes du jurisconsulte Gaius, au moins par extrait; cinq livres du jurisconsulte Paul, sous le nom de *Receptæ sententiæ*; le code grégorien, le code hermogénien; et, enfin, un passage de l'ouvrage de Papinien intitulé *Liber responsorum*.

Un peu plus tard un recueil semblable, quoique moins important, fut aussi publié chez les Bourguignons; il est conservé et connu sous le nom de *Papiani responsum*.. Voici la singulière explication qu'on donne de ce nom : le recueil bourguignon, resté longtemps ignoré, fut retrouvé par Cujas, à la suite d'un manuscrit du Breviarium d'Alaric, sans que, par l'ignorance du copiste, rien ne marquât la fin du Breviarium et le commencement de la loi bourguignone. Comme le Breviarium contient, en finissant, le *Liber responsorum Papiniani*, il fut d'abord publié comme devant être compris sous ce titre, et reçut dans l'usage le nom de *Papiani responsum* qu'il a depuis conservé, quoique l'erreur ait été bien reconnue.

Ces faits, confirmés par beaucoup d'autres, que l'histoire a recueillis, prouvent que les Barbares, tout en conservant leurs coutumes et en demeurant les maîtres du pays, rendirent à la législation et à la civilisation romaine un hommage peut-être involontaire, mais évident. A mesure que les rapports se multiplièrent, ils éprouvèrent le besoin de se soumettre aux règles de cette législation savante qui avait su tout prévoir.

Des indications non moins positives sur les institutions nationales des peuples germaniques ressortent de leurs lois et confirment ce que nous en savons par les historiens romains qui avaient été dans le cas de les observer peu de temps avant l'invasion comme fut surtout Tacite, et après lui quelques autres.

Ces peuples, comme beaucoup de ceux qu'on a pu connaître dans une situation analogue à des époques beaucoup plus récentes, étaient répartis en tribus peu nombreuses : ils connaissaient la vie sédentaire et propriétaire, mais leurs bourgades n'offraient pas d'habitations rassemblées : chaque chef de famille s'établissait à part sur son domaine au milieu de ses colons et de ses esclaves. L'assemblée des propriétaires et chefs de famille qui se réunissaient souvent décidait de toutes choses : chaque bourgade avait la sienne. La justice était rendue dans cette assemblée par les hommes libres, sous la direction des vieillards.

Ce qui prévaut surtout dans ce tableau, c'est l'esprit de

l'indépendance individuelle poussé à ses plus extrêmes limites : dans la famille même le pouvoir du père sur les enfants se réduisait à un pouvoir de protection qui ne durait qu'autant que cette protection était nécessaire : parvenu à l'âge de la force le jeune homme pouvait librement s'enrôler sous les ordres de quelque chef de guerre qui l'emmenait au loin chercher des expéditions aventureuses et souvent fonder par la conquête des Peuples et des États nouveaux. Quoique ce chef eût une grande part dans le butin et que la nécessité de la hiérarchie militaire lui attribuât quelque supériorité sur ses compagnons, il n'en avait pas assez pour disposer d'eux sans leur volonté, et chacun restait maître de le quitter à son gré.

On comprend quelle différence tranchée de telles mœurs établissaient entre ces peuples et les Gallo-Romains au milieu desquels ils venaient s'établir, et même les Romains de toutes les époques : dans l'empire romain, l'unité impériale absorbait tout et faisait mouvoir toutes les volontés : même sous la république les pouvoirs, quoique remis en général à des magistrats électifs, étaient concentrés dans un petit nombre de mains et avaient ainsi un caractère d'unité politique. La famille était gouvernée comme l'État, et le lien civil y était plus fort que le lien naturel. La justice y fut toujours un pouvoir réservé aux magistrats et auquel on ne fit participer qu'une classe de citoyens. Le contraste était extrême et il faut l'apercevoir pour se faire une idée juste des résultats produits par l'union des deux peuples.

L'invasion eut pour premier effet de détruire complètement l'action du pouvoir impérial romain et de jeter dans une dissolution complète les éléments qui avaient concouru à former l'État gallo-romain. Les campagnes ne présentant plus de sécurité, les habitants se renfermèrent beaucoup dans les villes ou à l'abri du régime municipal romain, de la puissance du clergé, respectée des vainqueurs, ils purent conserver quelques-unes de leurs traditions. Ces campagnes devinrent la proie des vainqueurs qui s'y établirent et y introduisirent par degrés leurs institutions. Leurs chefs , séduits par l'imposant spectacle du pouvoir impérial et par la facilité merveilleuse avec laquelle cette organisation faisait exécuter les volontés du maître firent de grands efforts pour le rétablir à leur profit ; ils s'affublèrent de beaucoup de titres impériaux et les départirent à leurs principaux compagnons; mais avec des hommes si éloignés des idées romaines et si imbus de leur propre indépendance, cette tentative, qui eut cependant sous Charlemagne une apparence de succès, devait échouer et échoua en effet.

Répandues sur le sol gaulois, les tribus germaines reçurent cependant de leur côté de ce seul fait de grandes modifications : les habitations, qui devinrent plus tard des châteaux, se dispersèrent davantage : les villages qui se formèrent autour et dans lesquels la population gauloise vint chercher un refuge en même temps que les colons et les esclaves germains, continrent moins d'hommes libres : dès-lors les assemblées de ces hommes libres, où se traitaient toutes les affaires, où étaient rendus les jugements, tant en matière civile qu'en matière criminelle, où s'accomplissaient même, comme on le voit par les formules qui nous ont été conservées , et notamment celles qu'a recueillies et mises en ordre, dans le septième siècle, le moine Marculfe, les ventes, les donations, les affranchissements, etc., devinrent nécessairement moins fréquentes. On ne les abandonna point cependant, mais on voit les efforts continuels de l'autorité pour qu'elles puissent être régulièrement tenues.

Dans le principe, ceux qui avaient pris part aux expéditions guerrières continuaient à vivre en grand nombre autour des chefs qui les avaient dirigées : ils y étaient portés par l'instinct de leurs mœurs guerrières et le soin de leur sûreté ; mais quand la vie sédentaire eut définitivement prévalu après l'invasion, ils reçurent, à titre de bénéfice et pour récompense de leurs services, quelques parties de ce

vaste territoire que les chefs principaux s'étaient d'abord
approprié. Par là s'opéra un morcellement progressif des
terres qui contribua encore à isoler et à individualiser les
vainqueurs.

Les bénéfices, dans le principe, n'étaient point héréditaires, mais ils tendirent, comme il arrive toujours des
tenures territoriales, à le devenir : l'ancienne qualité des
chefs de tribus ou de bandes put d'abord à peine maintenir
entre les divers possesseurs une espèce de hiérarchie; mais
nous verrons, par suite de causes diverses, cette hiérarchie
se développer et prendre une grande consistance, lors de
l'époque féodale.

Enfin, pour n'omettre aucun des grands faits qui caracté-
risèrent cette époque remarquable, puisque toutes nos origines en découlent, il ne faut pas perdre de vue l'importance extrême qu'acquit alors l'Église, seul reste vivant de
la société romaine. Les évêques étaient devenus les chefs
naturels des villes, et ils représentaient l'ancienne population auprès des rois barbares; ils furent bientôt les con-
seillers de ces rois et dirigèrent souvent leur conduite et
leurs décisions : l'humanité et la civilisation durent s'en ap-
plaudir et leur doivent encore aujourd'hui une grande re-
connaissance.

Nous n'entendons ici, comme on le pense bien, que tracer
une esquisse légère d'un vaste tableau : nous voudrions seulement donner une idée assez juste de ces temps anciens
pour aider à comprendre les institutions postérieures, et nous
tâchons de ne présenter que des documents avoués par une
saine critique historique. C'est dans des travaux que l'objet
spécial de ce cours ne nous permet pas de tenter et dans la
lecture de divers ouvrages, à la tête desquels je place ceux
de MM. Guizot et Thierry, en France, qu'il faudra chercher
à compléter des connaissances qui ont un grand intérêt et
qu'on ne peut ici qu'ébaucher.

Depuis Charlemagne jusqu'à l'époque féodale.

La conquête germaine, qui devait être plus tard la source d'une brillante civilisation, produisit d'abord le trouble et le cahos. Lorsqu'en 750 la race des premiers rois francs, qu'on est convenu d'appeler Mérovingiens, cessa de régner, et que Pépin, chef de la race carlovingienne, fut proclamé roi, la société gallo-franque était tombée dans l'état le plus déplorable.

Au dehors elle était pressée par un grand nombre d'ennemis qui réalisaient de temps en temps de nouveaux faits d'invasion et empêchaient ainsi tout établissement stable; d'un côté, une foule de peuplades germaniques, telles que les Thuringiens, les Bavarois, les Saxons tentaient de renouveler à leur profit les entreprises couronnées de succès de leurs prédécesseurs; de l'autre, les Bretons de la presqu'île armoricaine qui n'avaient point été soumis menaçaient constamment les frontières.

Les Francs eux-mêmes étaient divisés en plusieurs États qui luttaient perpétuellement. On vit successivement se former et disparaître les royaumes de Metz, de Soissons, de Paris, et si, en définitive, l'empire parut rester aux deux fractions puissantes des Francs de Neustrie et des Francs d'Austrasie, il n'y eut jamais entre eux de frontières bien déterminées ni d'accord stable.

Au midi, les populations romaines, concentrées surtout dans les villes et lasses du joug qui pesaient sur elles, travaillaient à ressaisir leur indépendance ; et par dessus tout, dès le septième siècle, la grande invasion des Arabes mahométans vint menacer l'État des plus grands dangers et d'une entière destruction.

Au milieu de si grands désastres, les vaines tentatives des rois francs pour ressaisir quelque débris de l'autorité impériale se montrèrent de plus en plus impuissantes. Le nombre des hommes libres alla toujours diminuant faute de moyens de faire respecter leur indépendance. Les assemblées, seul moyen d'ordre connu chez les Germains, seul principe de justice avaient cessé. Il ne restait de pouvoirs qu'à quelques chefs puissants au milieu de leurs domaines, et devenus détenteurs, à titre de bénéfices, des vastes terres que la conquête avait dans le principe réservées au roi ou aux principaux chefs. Les plus puissants d'entre eux avaient même usurpé, sous le nom de Maires du palais, les fonctions de la royauté, en se faisant les distributeurs de ces bénéfices, et paralysé, au moins en grande partie, l'influence que le clergé pouvait exercer par les idées religieuses. L'organisation féodale n'existait point encore et on ne saurait concevoir une époque plus malheureuse et où la société se montrât plus dénuée de toute garantie.

Le salut vint au moins pour quelque temps des Francs d'Austrasie : c'était chez eux que se trouvaient les établissements les mieux assis. Moins mêlés que tous les autres à la vie romaine, ils avaient mieux conservé leurs usages germains et leurs vertus guerrières. La famille des Pépin, qui sut se maintenir pendant plus d'un siècle dans la Mairie du palais leur appartenait. Représentant tout à la fois de la royauté et de l'aristocratie terrienne, cette famille vit bientôt le pouvoir tomber dans ses mains, et elle se trouva portée au rang suprême. Les grandes victoires de Charles-Martel, fils du second Pépin, lui valurent l'assentiment populaire : et elle trouva dans un pouvoir extérieur qui commençait à prévaloir, celui des Papes, que des circonstances assez confuses, mais que l'histoire a cependant cherché à expliquer, mirent en rapport avec elle, un appui encore plus décisif.

Quand Charlemagne devint roi des Francs, après son père Pépin-le-Bref, la puissance de sa race était bien établie ; mais des dangers immenses le menaçaient toujours : au dehors, des ennemis toujours plus nombreux et plus acharnés ; au dedans, l'anarchie, fléau non moins redoutable.

C'est contre ces obstacles qu'il développa pendant quarante-deux ans de règne l'activité la plus prodigieuse et la plus admirable : au dehors, on ne compte pas moins de cinquante-trois expéditions presque toutes heureuses et le plus souvent dirigées par lui, en personne, contre les Aquitains, les Saxons, les Lombards, les Arabes, une foule de peuples germaniques, les Sarrasins, les Danois, les Normands. Il atteignit enfin ce résultat immense de créer un vaste empire réuni sous ses lois par des frontières positives et assurées. Il donna ainsi au rétablissement de l'ordre intérieur un élément indispensable et qui était celui qui lui avait le plus manqué.

Il fut législateur autant que conquérant. En prenant le titre d'empereur, il voulut plus sérieusement que ne l'avaient fait ses prédécesseurs, rétablir la puissance impériale et par elle faire revivre la civilisation romaine toute entière : ce qu'il fit pour y parvenir est inouï, et s'il n'y réussit pas, c'est aux éléments dont il disposait qu'il faut uniquement l'imputer.

C'est à ce point de vue qu'il faut juger le recueil considérable de dispositions législatives qui nous a été laissé sous le nom de *Capitulaires*.

Les Capitulaires, en latin *capitula*, petits chapitres, sont le nom qu'on donne à toutes les lois des rois francs, même de la première race ; mais dans l'usage, ils ne désignent que la législation de Charlemagne et de ses prédécesseurs et successeurs de la race carlovingienne.

La plupart de ces Capitulaires, ceux du moins qui se rapportaient à des matières d'intérêt général, furent précédés de délibérations dans de grandes assemblées nationales que Charlemagne, en se conformant aux usages germains, prit soin de convoquer chaque année et quelquefois plusieurs fois par année sur quelque point de l'empire. On a dans les historiens du temps des détails curieux sur la composition de ces assemblées auxquelles ne prenaient part, comme l'indique la nature des choses dans un État si vaste, que les grands laïques et ecclésiastiques. Ces détails prouvent que ces assemblées n'étaient que le pur effet de la volonté puissante de Charlemagne et que toutes les déterminations n'en étaient inspirées que par lui.

Mais indépendamment de ce moyen de gouvernement central, Charlemagne se préoccupait aussi du gouvernement local, et ce fut là le but d'un grand nombre de Capitulaires.

Les Francs, devenus propriétaires après la conquête, avaient bien cherché avant lui à établir, dans leurs relations territoriales, quelqu'ordre conforme à l'esprit de leurs institutions. On voit dans quelques-unes de leurs lois que le territoire avait été divisé en cantons, les cantons en centaines, les centaines en dixaines, les dixaines en manoirs particuliers : à la tête du canton était le comte, chef pendant la guerre, juge pendant la paix : la centaine et la dixaine avaient aussi leurs chefs, le centenier et le dixainier, qui étaient également pourvus d'une juridiction. Tous les hommes libres devaient paraître à l'assemblée du canton qui se tenait fréquemment et qui était présidée par le comte ou son délégué, et où se traitaient les affaires générales, les procès civils ou criminels, et où se faisaient les transmissions de propriétés, donations et autres affaires du même genre.

Ils devaient aussi se réunir sous les ordres des centeniers, des dixainiers et du comte pour le service militaire qui occasionait chaque année de grandes réunions connues sous le nom de Champ de mars et de mai, et où se décidaient les grandes expéditions guerrières. Les grands chefs propriétaires avec ceux qui étaient devenus leurs vassaux par des moyens que nous ferons connaître un peu plus loin, échappaient seuls à ces obligations et conduisaient eux-mêmes ces vassaux dans les expéditions de guerre à côté de l'armée cantonale. (*V.* Laboulaye, *Hist. de la propriété foncière,* p. 271.)

Mais avant Charlemagne toutes ces institutions, à peine ébauchées, étaient tombées dans le plus grand désordre : les propriétés comme les magistratures changeaient sans cesse de main ; il n'y avait aucune régularité dans les influences locales. Il rétablit sur tous les points la hiérarchie des ducs, comtes, vicaire des comtes, centeniers et dixainiers : pour suppléer au défaut des hommes libres qui n'existaient plus, ou ne se rendaient point aux assemblées pour rendre la justice, il désigna sous le nom de *scabini* des assesseurs en titre chargés d'assister le comte dans le jugement des procès : ils étaient au nombre de sept ou de douze. Les hommes libres n'étaient pas pour cela exclus du droit de prendre part au jugement s'ils se trouvaient présents, mais leur présence n'était plus exigée sous peine d'amende et devint dès-lors de plus en plus rare.

Au-dessus des agents locaux, Charlemagne établit une sorte de surveillants qui furent appelés *missi dominici* : on pouvait porter devant eux l'appel des jugements du comte et du centenier (*Cap.* lib. 2, c. 6). Ils étaient de plus chargés d'inspecter les propriétés au nom de l'empereur et investis du droit de réformer certains abus : la création des *missi dominici* fut le principal moyen d'ordre et d'action du gouvernement de Charlemagne.

C'est surtout par le moyen de ces *missi dominici* que Charlemagne s'appliqua à contenir dans les limites de leurs concessions les bénéficiers : sous ce titre les grands du royaume étaient devenus possesseurs, soit héréditaires, soit viagers, ou plus souvent, sans aucune règle fixe, de la plus grande partie du domaine royal (1) : ils y exerçaient, en leur

---

(1) Les rois francs possédaient d'immenses domaines disséminés dans toutes leurs provinces. M. Hulmann a compté jusqu'à cent soixante-quinze

nom ou en celui de l'empereur, une certaine juridiction (1), et manifestaient une tendance visible à l'indépendance et à la souveraineté.

Une de leurs tentatives, contre laquelle l'empereur s'élève dans beaucoup de Capitulaires, consistait à convertir le bénéfice en alleu : on appelait alleu ou terre allodiale celle qui était échue à chaque Franc dans le partage de la conquête et dans laquelle il se considérait comme ne relevant de personne pour son droit de propriété. *Tenir en franc-alleu*, dit un ancien auteur, *si est tenir la terre de Dieu tant seulement* : ceci rappelle, comme on voit, l'ancienne propriété quiritaire des Romains.

La législation de Charlemagne reconnaissait les priviléges de l'alleu, et n'imposait à son possesseur que le service militaire : « Si aliquis ex fidelibus nostris, dit un Capitulaire, « post obitum nostrum, Dei et nostro amore cumpunctus « sæculo renuntiare voluerit ei liceat placitare : et si in alode « suo quietè vivere voluerit, nullus ei aliquod impedimen- « tum facere præsumat, neque aliud aliquid ab eo requira- « tur, nisi solummodò ut ad patriæ defensionem pergat. » Vis-à-vis de ces possesseurs d'alleu le pouvoir royal se réduisait, comme on voit, à une simple suzeraineté, et il n'y avait pour eux qu'un pas à la complète indépendance. C'était à se placer dans cet état, en effaçant la trace de l'origine de leur possession et des obligations qui pouvaient en être la suite, que les bénéficiers tendaient constamment, et c'est pour y parvenir qu'ils employaient une foule de moyens, tel, par exemple, que celui de vendre la propriété bénéficiaire pour la racheter ensuite dans l'assemblée du canton; ce

de ces possessions dans l'empire de Charlemagne. Plusieurs de ces domaines sont devenus plus tard des villes importantes, comme Aix-la-Chapelle, Coblentz, Strasbourg et beaucoup d'autres.

(1) Les causes criminelles étaient seules réservées aux comtes, mais il paraît qu'ils exerçaient la plénitude de la juridiction civile.

que l'on considérait sans doute comme un moyen de cacher l'origine bénéficiaire de la propriété. Les Capitulaires abondent en dispositions contre ces déprédateurs des bénéfices royaux.

On voit par ces détails que les Capitulaires furent principalement une législation de circonstance; ils ne portent pas cependant uniquement ce caractère : ainsi on y trouve de nombreuses dispositions sur l'état des personnes, sur les conditions des mariages, les degrés de parenté, etc. Le désordre qui ne pouvait manquer d'exister alors dans les rapports des sexes, et la présence des évêques dans les conseils de Charlemagne expliquent cette tendance. Quant à la législation pénale, elle n'indique pas de grands progrès sur celle de l'époque précédente.

A l'imitation des empereurs romains, Charlemagne ne procédait pas toujours dans ces Capitulaires par voie de dispositions générales, adressées à tous ses sujets ou délibérées dans les assemblées qu'il convoquait; souvent ses volontés se manifestent sous la forme de simples instructions données à ses *missi* ou bien de réponses adressées soit à eux, soit aux comtes ou aux évêques à l'occasion de difficultés survenues dans leur administration, ou bien enfin de règlements pour ses domaines particuliers. L'un de ceux donnés sous cette dernière forme et portant l'intitulé *de Villis* est resté particulièrement célèbre, et on a extrait de curieux détails d'économie domestique,

La meilleure édition des Capitulaires est celle qu'a publiée Baluze en 1677. On y trouve non-seulement ceux de Charlemagne, mais encore ceux des autres Carlovingiens, ses prédécesseurs et successeurs.

L'intérêt de cette législation pour nous ne saurait être de chercher dans les dispositions qu'elle contient quelque chose d'actuellement applicable. Fruit de circonstances passagères et malheureuses, elle ne rappelle nullement ce caractère d'universalité qui rend la législation romaine partout usuelle et d'une utilité immédiate ; mais pour saisir l'enchainement de plusieurs de nos institutions principales et remonter à l'origine de plusieurs droits importants, il est absolument indispensable de connaître au moins ses tendances générales et le but qu'elle s'était proposé.

TROISIÈME PÉRIODE.

Époque féodale.

Rien ne ressemble moins à la féodalité que l'unité souveraine à laquelle aspira Charlemagne et que sa puissance parvint à réaliser au moins en apparence. La vérité est cependant que c'est à ce résultat qu'aboutirent ses efforts, et comme cette nouvelle phase de l'État français eut une grande influence sur le développement et la direction du Droit, il est essentiel de chercher à s'en rendre un compte exact.

Charlemagne avait entrepris de relever l'empire et son unité, en rétablissant d'une part l'administration romaine, de l'autre les assemblées nationales germaniques et le patronage militaire. Par l'éclat de ses conquêtes qui sauvèrent le pays du fléau de l'invasion, par une activité personnelle qui fut prodigieuse, il parut au moins, pour un moment, réussir dans sa tentative. Mais les éléments dont se composait l'empire qu'il avait réuni sous ses lois, étaient antipathiques à ses projets ; ils avaient subi sa volonté, mais ne l'avaient point acceptée. L'esprit d'indépendance, caractère distinctif de la race germaine, subsistait toujours et s'accomodait mal de l'action d'un pouvoir régulier. On peut dire aussi que les idées des hommes d'alors étaient trop étroites et trop bornées pour comporter une organisation de société établie sur un plan si vaste. Chacun renfermait sa pensée dans l'étroit horizon que lui faisait le petit nombre de relations qu'il pouvait entretenir autour de lui. Aussi dès que la puissante main de Charlemagne eut disparu, tout ce qui rappelait l'unité de son pouvoir et l'organisation qu'il avait donnée à son gouvernement central, disparut avec une étonnante rapidité.

Le pouvoir revint dans chaque localité aux possesseurs des domaines occupés par suite de la conquête ou de bénéfices tenus du roi, et même avec beaucoup plus d'avantages qu'avant Charlemage, parce qu'il leur avait communiqué une force dont ils abusèrent dans leur intérêt.

Presque tous, en effet, avaient été révètus par l'autorité impériale des fonctions de ducs et de comtes, et ils en profitèrent pour établir leur propre influence. De plus, en arrêtant le mouvement de l'invasion extérieure, en comprimant jusqu'à un certain point le désordre intérieur, Charlemagne avait donné à toutes ces influences locales, jusque-là flottantes et mal assurées, le temps de s'asseoir et de prendre véritablement possession du territoire et des habitants.

Les détenteurs de bénéfices royaux trouvèrent aussi, dans la position que leur créaient ces bénéfices, qui mettaient à leur disposition des territoires importants, un nouveau moyen d'acquérir de la prépondérance, parce que dès que l'empereur qui avait pris tant de peine à les maintenir dans les limites de leurs concessions ordinairement viagères et à les empêcher de convertir les bénéfices en alleux et en propriétés héréditaires, n'exista plus, rien ne put les arrêter dans leur usurpation : à la faveur des guerres qui déchirèrent l'Empire après la mort de Louis le Débonnaire, il ne fut plus au pouvoir de princes trop faibles de refuser l'hérédité à tous les détenteurs de bénéfices. Ce furent d'abord des faveurs particulières qui se multiplièrent toujours davantage, jusqu'à ce qu'enfin Charles-le-Chauve, l'un des derniers Carlovingiens, race si promptement tombée en décadence, reconnut formellement, par un capitulaire de 877, l'hérédité du bénéfice toutes les fois qu'il se trouverait parmi les héritiers des gens capables de porter les armes et d'accomplir ainsi la condition essentielle de la concession.

Favorisés par toutes ces circonstances, les grands tenanciers devinrent promptement les centres naturels de petites associations indépendantes. Autour d'eux s'agglomérèrent de gré ou de force les habitants libres ou esclaves des environs, et ainsi se formèrent une foule de petits États qui prennent rang dans l'histoire dès la fin du neuvième siècle, mais qui deviennent surtout très-nombreux dans le courant du dixième. On peut nommer à cette époque, en France, jusqu'à cinquante-cinq princes indépendants, et il y en eut sans doute une multitude d'autres qui n'eurent pas la même importance historique.

Il est facile de comprendre toutefois que ce ne furent que les plus puissants d'entre les possesseurs qui parvinrent ainsi à constituer leur indépendance, et que leurs voisins plus faibles furent promptement absorbés. C'est ainsi qu'au moins, dans une certaine partie du pays, on vit disparaître en grande partie, non-seulement les hommes libres qui ne trouvaient plus nulle part de garantie et de protection, mais même les possesseurs de petits alleux. L'histoire nous fait connaître le mode de cette disparition qui arrivait ordinairement par l'effet de la recommandation et de la vassalité qui en était la suite, quand elle n'était pas l'effet immédiat de la violence des grands.

La recommandation qui était une pratique germaine, était dans le principe le choix libre que faisait tout guerrier d'un chef à qui il vouait sa personne et sa vie, lien fondé sur des engagements réciproques et que le recommandé pouvait rompre à son gré.

Après l'invasion et la prise de possession du sol, ordinairement celui qui recevait un bénéfice se recommandait, et cette pratique était devenue générale sous Charlemagne et même sous les Mérovingiens. Les plus grands possesseurs d'alleux s'étaient même volontiers soumis à ce moyen pour avoir leur part des bénéfices royaux.

Mais, après Charlemagne, on se recommanda à son voisin devenu puissant, pour sauver sa propriété et continuer à la tenir de lui à titre de bénéfice. Des communautés, des cantons entiers entrèrent par la voie de la recommandation sous la seigneurie des puissants. Ceux-ci abusèrent souvent de leur position pour réduire les recommandés à un état d'oppression déplorable et les confondre avec leurs serfs (1).

On préféra, quand on le put, se recommander à l'Eglise dans l'espoir d'y trouver une protection plus douce et plus assurée. Les grands dignitaires ecclésiastiques, que les libéralités de Charlemagne avaient rendus assez forts pour faire respecter leur position, acquirent de cette direction des esprits une importance toujours croissante.

Le privilége le plus important, qui s'attachait à la recommandation sous Charlemagne, était de soustraire le recommandé à la juridiction du comte, aussi bien que les hommes qui dépendaient de lui, et de le rendre justiciable de la cour du roi. Il cessait également de dépendre du comte pour le service militaire, et échappait ainsi à de grands moyens d'oppression Ses biens devenaient au milieu du canton comme un petit état indépendant. Pour les temps postérieurs, la recommandation eut sans doute des effets moins bien caractérisés et dépendant en grande partie du caprice de celui à qui elle était faite. Néanmoins, l'Église sut garder à ses recommandés des priviléges qui, loin de s'affaiblir, allèrent toujours croissants et multiplièrent les recommandations à son profit. Les évêques et les monastères avaient obtenu, surtout sous les derniers Carlovingiens, une foule de chartes

(1) On lit dans Muratori (antich. ital.) un extrait d'un vieux diplôme où étaient consignées les plaintes de ces recommandés : *nos et parentes nostri simper liberi fuimus : nàm nos per defensionis causam fuimus liberi homines commendati , non verò servi.*

et de diplômes, dont un grand nombre a été conservé, qui accordaient à tous ceux qui habitaient les terres de l'Église, ou qui étaient venus se placer sous sa protection, non-seulement l'exemption de la justice du comte, la dispense du service militaire, mais encore l'affranchissement des plus lourds impôts, comme les péages, les douanes-et autres. Ces concessions semaient le territoire du comte d'une foule de juridictions privilégiées qui tendaient à l'affaiblissement de son pouvoir. Les évêques obtinrent en plusieurs lieux d'exercer eux-mêmes ce qui restait de ce pouvoir; et la politique des derniers Carlovingiens fut même de leur faire beaucoup de concessions semblables pour servir de contre-poids aux empiètements des ducs et des comtes qui leur paraissaient plus redoutables.

Cet état de choses, qui se généralisa dans une grande partie du royaume, fut plus tard, comme on le verra, le principe de résultats très-importants, mais il faut mentionner de suite une large exception pour les pays situés au midi de la Loire, les mêmes où nous avons vu plus haut que l'influence romaine avait été mieux établie, et où les coutumes germaines s'étaient par suite beaucoup moins naturalisées.

Les traditions du Droit romain, qui bien qu'alors au moment de sa plus grande éclipse avaient cependant persisté plus ou moins dans tout le royaume, ainsi que l'a récemment prouvé le grand et bel ouvrage de M. de Savigny (1), mais qui avaient surtout gardé leur influence dans le midi; l'existence d'un régime municipal au sein de plusieurs cités de ce pays, que les évènements n'avaient pu détruire, et qui faisait rayonner autour d'elles quelques idées de justice et de protection pour les faibles, modérèrent l'influence des causes générales, et permirent aux petits alleux de subsister au moins en partie. L'usage de la recommandation et les vassa-

---

(1) Histoire du Droit romain dans le moyen âge, par M. de Savigny, professeur à l'Université de Berlin.

lités qui en furent la suite y furent moins fréquentes. L'Italie et surtout l'Espagne donnent lieu à la même observation.

Mais le démembrement du grand empire de Charlemagne ne s'opéra pas moins au midi qu'au nord. C'est de cette époque que datent le duché de Gascogne, la vicomté de Béarn, le comté d'Armagnac, le comté de Toulouse, aussi bien que le comté d'Anjou, le comté de Blois, le duché de Normandie.

Les lois, les jugements, tous les moyens d'ordre durent se concentrer dans l'intérieur de ces petites souverainetés qui n'avaient plus, soit avec le roi, soit avec leurs voisins, que des relations incomplètes et insuffisantes. Quand cette nouvelle manière d'être eut acquis un peu de régularité, que quelques rapports hiérarchiques se furent établis, la féodalité se trouva constituée. Le dernier représentant de la puissance carlovingienne disparut, et l'avènement de Hugues Capet, comte de Paris, l'un des seigneurs qui avait dû aux circonstances que nous venons de rappeler le plus de puissance, mais qui par cette raison même ne put posséder que le nom et comme l'ombre du pouvoir royal, annonça qu'une nouvelle révolution était consommée.

Ce coup-d'œil sur les évènements historiques était indispensable pour comprendre la révolution analogue et importante que subit alors le Droit, auquel il faut maintenant revenir.

Sous les Mérovingiens, la législation présente un caractère saillant et que nous avons déjà marqué, c'est qu'elle était personnelle et non territoriale, c'est-à-dire que chacun des peuples et races répandues sur le territoire avait gardé le pouvoir de suivre sa loi à peu près comme aujourd'hui chacun suit sa religion. Les Romains étaient régis par la loi romaine ; les Francs, par la loi salique et la loi ripuaire ; les Bourguignons, par la loi bourguignonne.

Sous les Carlovingiens, le même principe subsiste encore bien qu'on puisse voir quelque tentative de ramener tout à l'unité dans les dispositions des capitulaires qui s'adressaient à tous les sujets de l'empire, et surtout dans les lois canoniques et religieuses auxquelles l'influence ecclésiastique tendait, suivant l'esprit du christianisme, à imprimer un caractère d'universalité. Mais pour ce qui est du Droit civil et du Droit pénal, il est certain que le principe antérieur de la personnalité de la législation, suivant les races, avait persisté.

Mais, dès le commencement du onzième siècle, après la féodalité constituée, il s'opère une grande métamorphose : la législation de personnelle devient territoriale. Dans chaque petit état, il y a une législation ou plutôt il se forme une coutume spéciale à laquelle il faut que tous les habitants se soumettent, quelle que soit leur origine. Il n'y á plus de pouvoir central qui puisse ramener tout à l'unité. Il ne reste dans chaque localité que les traditions demeurées vivantes dans l'esprit des habitants.

C'est là la véritable origine des coutumes qui tiennent une si grande place dans l'histoire du Droit français. Dans le midi, le Droit romain, encore vivant dans les mœurs et dans les usages, devint la base commune de toutes ces coutumes qui furent dès lors à peu près uniformes ; mais, dans le le nord, sous l'inspiration des usages et des pratiques germaines, on vit naître la plus grande diversité.

Ce fut là un premier principe fondamental que la féodalité introduisit dans le Droit ; elle eut aussi sur la constitution de la propriété et sur l'état des personnes et des familles, des effets d'une grande importance.

Pour ce qui regarde la propriété, il arriva que la propriété bénéficiaire, devenue presque la seule par l'absorption des petits alleux que nous avons expliquée et qui alla toujours continuant, prit le nom de *fief* (1), et devint le principe d'une

(1) On a plus tard appelé aussi du nom de fief la relation de dépendance elle-même de la terre asservie envers le suzerain ; mais dans le langage

hiérarchie entre les possesseurs du sol, qui fit oublier celle qui avait d'abord existé sur le fondement des distinctions de personnes et de races, et qui fut le fait capital de la nouvelle organisation sociale.

Les bénéficiers, bien que devenus possesseurs héréditaires, étaient liés envers le roi ou les autres grands possesseurs d'alleux, de qui ils avaient tiré la propriété bénéficiaire, ou sur lesquels ils l'avaient usurpée, et qui prenaient le titre de suzerains, à certains devoirs moraux et matériels conformes aux précédents, et à l'esprit des anciennes institutions germaines. A leur tour, ils dominaient sur un certain nom de petits propriétaires d'alleux que la recommandation ou d'autres causes avaient réduits à l'état de vassaux et attachaient à leur sort ; et, quant aux hommes que le malheur des temps ou leur ancienne condition, comme faisant partie de la population vaincue, avait placés hors de la propriété, et qui s'étaient trouvés réduits à la qualité de colons ou de serfs, ils étaient entièrement sous la domination de chaque seigneur, soit qu'il fut vassal ou suzerain, dans les terres duquel ils habitaient.

Cet état de choses était violent et irrégulier ; il consacrait tout-à-la-fois une indépendance presqu'absolue des possesseurs du sol, et un régime très-oppressif pour les autres habitants ; il ne fut pas de longue durée, mais il n'en contient pas moins l'un des éléments essentiels de l'histoire du Droit, et il convient dès lors de l'observer avec quelques détails.

Quoique la position de chaque seigneur féodal fut ordinairement mal définie pour les rapports que lui créait son fief au-dessus et au-dessous de lui, quelques règles, puisées dans le souvenir des relations toutes personnelles de l'ancienne recommandation germaine, avaient cependant fini par prévaloir.

féodal, c'est plutôt l'expression de *mouvance* qui doit désigner cette relation.

Ainsi, à la mort du vassal, quoique le principe de l'hérédité des fiefs fut complètement établi, son fils ou son représentant était tenu de faire hommage du fief à son suzerain. C'était un acte évidemment analogue à celui par lequel
autrefois, dans la bande germaine, le guerrier choisissait
son chef et s'obligeait à le suivre. La formule germaine
même, qui nous a été conservée et qui consistait à dire :
Je deviens votre homme, est devenue l'origine du mot
hommage.

A la suite de l'hommage venait le serment de fidélité prêté
avec certaines formes; et enfin le suzerain donnait au vassal
l'investiture du fief, lui remettant une motte de gazon, une
branche d'arbre, ou tel autre symbole ; alors seulement le
vassal était en possession du fief.

L'hommage n'était qu'une forme qui pouvait être accomplie
par le nouveau vassal, même encore enfant; mais le serment
de fidélité et l'investiture ne pouvaient avoir lieu avant la
majorité.

Il y avait ainsi à chaque renouvellement de génération
une espèce de consentement réciproque qui prouvait que les
deux parties ne s'engageaient que de leur gré à accomplir les
obligations féodales.

Ces obligations imposaient d'abord au vassal une
foule de marques de déférences et de courtoisie ; car
au milieu de leurs mœurs barbares, nos ancêtres surent de
bonne heure mettre une grande délicatesse et des sentiments
souvent exaltés et chevaleresques dans leurs relations; mais,
comme devoir plus positif, elles le soumettaient au service
militaire pour un temps plus ou moins long et déterminé
par les conditions de la tenure féodale. Le vassal devait
suivre son seigneur à la guerre, tantôt seul, tantôt avec un
certain nombre d'hommes.

De plus, il devait se rendre à la cour du suzerain pour lui
donner des conseils et concourir avec lui au jugement de
certaines affaires. C'est encore là, comme on le voit, une

institution toute germaine ; il était lui-même justiciable de cette cour, comme nous l'expliquerons un peu plus loin.

Enfin, il lui devait ce qu'on appelait les *aides* : c'étaient des subventions que dans certains cas les vassaux étaient obligés de donner au seigneur. Ces aides étaient dues dans trois cas : 1° quand le seigneur était en prison et qu'il fallait payer sa rançon ; 2° quand il armait son fils aîné chevalier ; 3° quand il mariait sa fille aînée. C'étaient au moins là les usages communs.

Toutes ces relations semblent affecter un caractère de personnalité ; ce qu'il faut bien remarquer cependant, c'est que tous ces devoirs n'étaient pas comme autrefois ceux résultant de la recommandation germaine, attachés seulement à la personne ; ils étaient une conséquence de la tenure du fief. On finit par les considérer comme incorporés au sol lui-même, et ce système fut poussé si loin qu'on appliqua à la terre les distinctions que la recommandation avait établies entre les personnes. La terre fut noble ou roturière, suivant qu'elle appartint au seigneur dominant ou au vassal ; et la possession de la terre noble devint un privilége qui ne fut accordé qu'à certaines conditions.

Cette affectation réelle de la terre fut le principe d'autres droits créés sur le vassal au profit du suzerain ; ainsi celui-ci percevait un droit de relief toutes les fois que le fief, par suite de la mort du vassal, devait passer à l'héritier ; comme si alors le fief était tombé et qu'il fallut le relever pour en reprendre possession.

Dans le cas de vente du fief, il percevait aussi un droit de mutation qui a reçu, suivant les lieux, diverses dénominations. Quand l'engagement personnel prévalait seul dans la relation féodale, on ne pouvait vendre le fief, puisque le vassal ne pouvait avoir la prétention d'imposer au seigneur un autre vassal, en se dégageant lui-même de ses obligations. Mais quand la nature territoriale des fiefs eut prévalu, cette immobilisation avait des inconvénients qui amenèrent promp-

tement la possibilité de vendre au moyen de quelqu'indem-
nité pour le seigneur direct, tel que le droit de reprendre
lui-même le fief, en en payant le prix, ou de payer une
somme ordinairement égale à une année de revenu.

La forfaiture était aussi pour le suzerain une source de
revenus. Lorsque le vassal manquait à quelqùes uns de ses
principaux devoirs féodaux, il tombait en forfaiture et pouvait perdre son fief, soit pour un temps, soit pour toujours.
Ainsi, si le vassal ne venait point faire foi et hommage,
s'il ne s'acquittait pas dans un délai donné du droit de mutation, il y avait lieu à la saisie féodale. Le seigneur,
suivant le langage énergique des coutumes, *mettait la main
sur le fief*, et gagnait les fruits jusqu'au jugement de réinté-
gration. Dans certains lieux, le fief était définitivement perdu
et réuni au fond dominant ; on l'appelait alors fief de *dangier*
ou de *commise*.

Enfin le suzerain avait encore, dans certains pays au moins,
l'administration du fief pendant la minorité des vassaux
qu'on appelait garde-noble ; et même si l'héritier du fief
était une fille, le droit de lui offrir un mari et de l'obliger à
choisir entre ceux qui lui étaient offerts ; l'obligation féodale
du service militaire, dont une femme ne pouvait s'acquitter
par elle-même, avait été là source de ce droit.

Mais quand le vassal s'était acquitté envers son seigneur
de toutes les obligations que la coutume avait mises à sa
charge, il ne lui devait plus rien, et jouissait dans l'intérieur de son fief d'une complète indépendance; seul il y
donnait des lois aux habitants, leur rendait la justice,
leur imposait des taxes; il y avait fusion complète de la
propriété avec la souveraineté, et de là étaient nés une
foule de priviléges qu'il exerçait dans la terre féodale et qui
furent la source de grands abus : *entre toi et ton vilain*, dit un
publiciste féodal, *nul juge fors Dieu*.

Bien plus : le suzerain avait vis-à-vis de lui des obligations réciproques qu'il devait exécuter sous peine de perdre

ses propres droits, ainsi il devait surtout non-seulement ne faire aucun tort à son vassal, mais le protéger et le maintenir envers et contre tous dans la possession du fief.

La tenure féodale entra si avant dans l'organisation de cette époque singulière qu'on se mit à donner en fief, non-seulement la propriété des terres, mais une foule de droits, tels que certains offices à remplir auprès du suzerain, le droit de chasse et une foule d'autres.

En dehors des propriétés féodales, il n'y avait plus d'autres classifications de la propriété que celle des héritages à cens et des alleux.

Les héritages à cens étaient de véritables fiefs, sauf la foi et hommage : c'étaient les biens concédés aux personnes qui n'appartenaient pas à la classe noble et qui étaient jugées incapables des diverses obligations du fief : on peut comparer ceux qui possédaient à ce titre, à des usufruitiers perpétuels, et ils étaient ordinairement chargés de payer une redevance annuelle ; le bail à cens fut une amélioration introduite dans la position précaire des colons et des serfs. Il est postérieur de quelque temps à l'établissement de la féodalité.

Quant aux alleux, les plus grands seuls s'étaient maintenus, et ils étaient en grande partie dans les mains de l'Église ou des grands bénéficiers ; la disparition des petits alleux était devenue si complète, que les publicistes féodaux avaient cru pouvoir poser en principe que cette espèce de propriété n'existait plus ; « quand li sires, dit Beaumanoir, voit aucun « de ses sougiers tenir héritages desquels il ne rend à nulluy « cens, ni redevances, li sires y peut jeter les mains et tenir « comme siens propres, car nuls, selon nostre coustume, « ne peut tenir alleux. » C'était là le sens d'une maxime très-connue : *nulle terre sans seigneur*, ce qui signifiait toutefois, non qu'on ne pouvait pas avoir une terre allodiale et exempte de toute espèce de servitude, mais qu'il fallait prouver ce fait par des titres authentiques et certains, faute de quoi l'on tombait dans les liens de la vassalité.

7

Nous avons déjà dit que dans les pays méridionaux du royaume des circonstances spéciales, et surtout les traditions romaines avaient conservé quelques alleux : aussi à l'inverse de la règle que nous venons de mentionner, y tenait-on l'axiôme : *nul seigneur sans titre,* c'est-à-dire que la terre était présumée allodiale toutes les fois que le seigneur de la contrée ne prouvait pas par un acte formel qu'elle était tombée en vassalité.

L'alleu était noble quand il exerçait une seigneurie sur d'autres biens féodaux ou seulement censiers : mais quand son propriétaire se bornait à le posséder sans exercer de domination sur personne, on l'appelait alleu roturier.

A ces indications générales sur l'influence qu'exerça la féodalité relativement à la constitution de la propriété, il convient d'en joindre quelques-unes sur celle qu'elle exerça sur la famille. Elle se présente sous ce point de vue avec un caractère bien moins désastreux.

Déjà chez les Germains, la condition de l'épouse dans la famille était fort supérieure à celle que lui avaient faite les institutions romaines ; elle y occupait sans doute un rang secondaire et subordonné, mais le pouvoir qui s'exerçait sur elle était un pouvoir de protection bien plus que d'oppression.

Sous le règne de la féodalité, et malgré le désordre inséparable d'un état social si imparfait, la femme atteignit encore une position sociale beaucoup plus élevée : elle fut considérée comme capable de remplir, en l'absence du mari, tous les devoirs du fief, et d'en exercer toutes les prérogatives, et bien plus, de le remplacer dans tous ses droits de chef de famille.

D'un autre côté, la position du fils de famille perdit aussi de plus en plus toute analogie avec celle du fils de famille romain : non-seulement, il fut à sa majorité constitué dans un état absolu d'indépendance, mais il eut, dès son plus bas âge, et surtout le fils aîné, une singulière importance : le

désir de lui transmettre le pouvoir attaché à la possession
du fief en faisait de suite aux yeux de son père et des siens
un prince, un héritier présomptif, et il était traité avec la
déférence qui s'attachait naturellement à ce titre.

L'idée d'un testament où le père pouvait déshériter ses
enfants n'était pas admise : le patrimoine féodal semblait de
droit divin attaché à la famille, non seulement aux enfants,
mais encore à leur défaut, à ceux qui étaient unis par les
liens du sang et qui portaient le même nom ; toutes ces institutions n'étaient que le reflet des anciennes mœurs germaines, développées toutefois sous l'influence bienfaisante
du christianisme.

Mais malgré quelques progrès partiels qui purent ainsi s'o-
pérer dans son sein, la société féodale était un état violent et
qui portait en elle-même et hors d'elle des causes de dissolution qui devaient amener sa ruine : c'est en effet ce qui est arrivé, et nous indiquerons en peu de mots les phases de cette
nouvelle révolution à laquelle le Droit a pris une grande part.

En premier lieu, pour les seigneurs féodaux eux-mêmes
que cet état social semblait favoriser, il n'offrait pas les garanties suffisantes. Si un vassal avait à se plaindre d'un autre
vassal, il pouvait, il est vrai, le citer à la cour du suzerain
qui devait, non pas juger lui-même, mais convoquer les
vassaux pour lui faire rendre justice : la cour féodale jugeait
même les contestations survenues entre le vassal et le suzerain, mais à raison seulement de leurs relations féodales ;
dans les autres cas, on pouvait recourir au suzerain supérieur, s'il y en avait un, et ce suzerain pouvait même quelquefois recevoir l'appel des décisions du suzerain inférieur.

Mais d'une part, rien de plus irrégulier que la réunion de
de la cour féodale à laquelle la plupart des vassaux convoqués ne se rendaient point ; rien de plus incertain que les
rapports de suzerain à vassal, à raison surtout de ce que ces
rapports ayant pris une nature territoriale et étant inhérens
au sol, le même individu était souvent vassal, à raison

d'un fief et suzerain à l'égard d'un autre; de plus, quand le jugement était rendu, la grande et difficile affaire était son exécution : le suzerain qui présidait la cour féodale sans concourir à la décision, était bien chargé de veiller à cette exécution, mais si le vassal était assez fort pour résister aux moyens employés contre lui, ces moyens dégénéraient en guerres privées: c'est ce qui arrivait tous les jours et qui devenait la source d'incalculables désordres.

Aussi la justice résidait-elle le plus souvent dans l'épreuve du combat judiciciaire. Il était permis à celui qui se plaignait d'en appeler au jugement de Dieu qui devait se manifester dans l'issue du combat, et quelque absurde que nous paraisse aujourd'hui une pareille idée, elle avait pris rang parmi les institutions. Tout ce qui concernait le combat était minutieusement réglé par la coutume, et la raison en fut sans doute que dans l'absence de toute autre garantie, on avait jugé qu'il valait mieux régler l'emploi de la force que d'avoir à en subir tous les écarts : aussi l'Église elle-même l'avait-elle toléré.

Mais la force n'est pas la justice, et les esprits les moins éclairés ne pouvaient pas s'y méprendre : un autre système judiciaire était une nécessité qui ne tarda pas à prévaloir: il y eut dans le fief une classe d'hommes qui furent voués spécialement aux fonctions de juges. C'est là l'origine des baillis et sénéchaux chargés, au nom du suzerain, d'abord de diverses fonctions, comme de percevoir les amendes et les redevances des colons, mais plus tard, spécialement investis des fonctions de juges; par là on évita du moins les irrégularités que présentait la composition de la cour féodale, souvent entièrement abandonnée; mais ce fut une première et large atteinte au droit qu'avait consacré la féodalité pour tous les vassaux de concourir par eux-mêmes à l'exercice du pouvoir judiciaire dans les affaires qui les concernaient, et qui devait, par ses conséquences éloignées, devenir plus tard, comme nous le dirons, bien plus fatale encore à l'établissement féodal.

De plus, l'irrégularité et l'incertitude des rapports des possesseurs de fiefs entre eux amenèrent promptement des collisions où se perdit peu à peu l'indépendance du plus grand nombre. Dès le onzième siècle qui fut pourtant l'ère brillante de la féodalité, on voit s'introduire parmi eux une prodigieuse inégalité : le suzerain intervient quelquefois même dans le gouvernement intérieur du fief de ses vassaux; beaucoup de ces derniers ne possèdent plus sur les habitants de leurs domaines la haute justice, c'est-à-dire une juridiction complète comprenant tous les cas, ils n'ont plus que ce que les auteurs féodaux appellent la moyenne ou basse justice, c'est-à-dire qu'une juridiction inférieure qui réserve au suzerain les cas les plus graves. Dès la même époque, un grand nombre de possesseurs de fiefs, même des plus importants, disparaissent tout-à-fait; il se forme, sous les noms de duchés et de comtés un certain nombre de petites royautés, investies d'un gouvernement central sur des portions considérables du territoire, et absorbant ou réduisant à de minces prérogatives les possesseurs de fiefs qui s'y trouvaient contenus.

Sous un autre rapport, la féodalité pesait d'une manière trop lourde sur la classe non propriétaire et sujette, et provoquait des résistances. A la vérité, cette classe se composait presque entièrement des colons et des serfs qui, sous les gouvernements précédents et depuis l'administration romaine, avaient toujours été réduits à une condition trèsmalheureuse; elle avait même conquis une position meilleure en ce que l'esclavage romain avait peu à peu disparu : les serfs étaient généralement devenus des colons cultivant quelque portion de terre, avec des baux à cens d'une durée indéfinie, et portant des redevances fixes qui ne pouvaient être augmentées : c'était là l'ancienne condition du colon romain, bien supérieure à celle de l'esclave et la féodalité s'était prêtée à la généraliser.

Mais ce qui était onéreux pour cette partie de la population qui comprenait, à cause du malheur des temps, une foule d'hommes autrefois libres et même propriétaires, c'était la réunion dans la même main de la propriété et de la souveraineté : en qualité de souverain, le possesseur de fief, indépendamment de la redevance qu'il percevait comme propriétaire, établissait sous le nom de *taille* de véritables impôts tout-à-fait arbitraires; il soumettait à des corvées; il faisait servir son pouvoir, non-seulement à l'intérêt du fief, mais encore à satisfaire ses volontés personnelles souvent fort désordonnées. C'était cette action souveraine et toujours immédiate du seigneur féodal qui devenait à la longue le principe d'une grande irritation.

Par cela seul d'ailleurs, que la position de la classe sujette s'était améliorée, elle prétendait avoir droit à plus d'égards. Il y avait des colons qui, après s'être libérés de toute redevance, s'enrichissaient, et dans l'âge même de la féodalité, on en vit se présenter pour acheter des fiefs, et plusieurs y réussir, malgré les efforts de la législation pour les repousser. Beaumanoir, *Coutume de Beauvoisis*, chap. 48, p. 264, rapporte un règlement émané du roi saint Louis, qui prouve tout à la fois que déjà un grand nombre de fiefs étaient passés dans les mains des colons, et que cette espèce d'envahissement était repoussée par la loi féodale; plus tard, la loi elle-même fut obligée de reculer dans ses prohitions; et on obligea seulement l'individu non noble, devenu possesseur de fief, à payer à l'État un droit qu'on appela franc-fief; mais ceci se rapporte à une époque postérieure à celle que nous envisageons en ce moment.

Il ne faut pas dès lors s'étonner que, dans une pareille situation, l'établissement féodal fût quelquefois compromis par des soulèvements locaux de la classe asservie; dans les lieux où la population se trouvait agglomérée et les intérêts toujours

en contact, le danger était bien plus grand encore, et ce fut
là en effet une nouvelle cause très-grave de ruine pour la
féodalité.

Ainsi pressée de toutes parts, elle ne tarda pas à se modifier profondément, et on vit naître un nouvel ordre de choses
dû à des causes diverses et qu'il nous reste à indiquer. On
ne peut donner ici de dates précises, parce que ce n'est pas
instantanément qu'une institution de cette nature peut disparaître; mais on peut dire qu'à la fin du treizième siècle,
et sous le règne de Philippe de Valois, la féodalité avait
véritablement cessé d'exister.

Bien que le caractère oppressif pour une grande partie de
la population du régime féodal ait perpétué dans les traditions nationales un sentiment de répulsion pour les souvenirs qui s'y rattachent, il ne faut pas méconnaître son importance, surtout sous le rapport du droit; ce fut le premier
pas fait hors de la barbarie : les volontés impétueuses et sans
limites furent pliées à certaines règles dans la constitution
du fief; des habitudes stables et héréditaires se formèrent;
le caractère indépendant des membres de la société fit prévaloir des maximes qui tiennent encore aujourd'hui leur
place dans notre Droit public. Ainsi, c'est parce qu'il fallait
au suzerain le consentement de ses vassaux pour leur imposer toute autre taxe que les aides féodales, ou pour démembrer le fief, que les publicistes féodaux ont posé ces
règles, qu'on invoque encore chaque jour, que nulle taxe
n'est légitime si elle n'est consentie par celui qui la doit
payer; — que nul n'est tenu d'obéir aux lois qu'il n'a pas
consenties; que l'État ne peut être démembré sans le consentement des assemblées qui doivent représenter la nation.

C'est également dans le droit appartenant dans le principe
à chaque vassal de ne pouvoir être jugé que par la Cour féodale dans ses contestations civiles ou criminelles, et d'exercer lui-même dans cette Cour le pouvoir judiciaire, que les
partisans de l'institution du jury ont cherché un point d'appui

national pour cette institution , et pour soutenir le droit pour chacun de n'être jugé que par ses pairs.

Transition de l'époque féodale aux temps actuels.

Nous n'avons pas fini d'examiner les causes de toute espèce qui ruinèrent en France le système féodal, et nous devons encore insister sur ce point parce qu'on y trouve la raison véritable de l'ordre de choses qui lui succéda , soit sous le rapport politique, soit sous le rapport juridique.

Ce n'était pas seulement aux vices intérieurs que nous avons signalés que la féodalité était en butte, il y avait en dehors d'elle, dans l'État, d'autres institutions qu'elle n'avait pas complètement absorbées et qui hâtaient sa décadence.

La première et la plus importante était l'existence d'une royauté. Quand ce pouvoir, qui avait tenu une si grande place sous Charlemagne, avait échappé aux mains de ses faibles successeurs, l'un des plus puissants seigneurs féodaux, Hugues Capet, avait recueilli au moins le titre. Cette usurpation qui, dans le principe, avait pu paraître insignifiante aux autres seigneurs, qui n'en jouissaient pas moins, en fait comme en droit, d'une parfaite indépendance, qu'ils avaient même approuvée comme étant la consécration formelle de la décadence de la race carlovingienne dont les prétentions étaient redoutées à cause du souvenir de ce qu'elle avait été, cette usurpation, disons-nous, était le germe qui devait contribuer le plus à modifier d'abord et à anéantir plus tard le nouvel état politique.

Sans doute, Hugues Capet et ses premiers successeurs eurent peu de prérogatives royales et ne furent en réalité que de puissants suzerains dont les domaines ou les vassaux ne s'étendaient pas au-delà des pays que comprennent aujourd'hui les départements de la Seine, Seine-et-Oise, Seine-et-Marne, Oise et Loiret ; dans cet étroit territoire, une foule de vassaux gardaient même encore leur indépendance et la soutinrent souvent à main armée contre eux, comme les seigneurs de Monlhéry, de Montfort-l'Amaury, de Montmorency et autres.

Mais déjà soit habileté, soit bonheur dans les évènements, on pouvait voir en eux le principe d'une puissance supérieure. L'opinion générale, encore imbue des souvenirs de Charlemagne et de la réalité d'un pouvoir unique et souverain, se plaisait à entourer le titre de roi d'une idée de puissance. Le nom du roi se trouvait encore rappelé dans les actes même relatifs à des intérêts privés passés dans des lieux fort éloignés de sa juridiction ; et cette idée de royauté était tellement empreinte dans les esprits qu'on voit dans plusieurs titres de cette époque, à la place du nom du roi régnant, qu'on ignorait, suivant toute apparence, cette formule *Deo regnante* ou *Christo regnante*, qui semble au moins réserver toujours la place de la royauté.

D'un autre côté, l'Église, dont l'importance était grande par ses possessions, et l'influence morale qu'elle avait conservée, tendait les mains vers la renaissance du pouvoir royal et l'appelait de tous ses vœux. Son action se trouvait entravée et molestée par cette multitude de seigneurs indépendants dont plusieurs ne savaient pas apprécier et respecter son caractère. Les feudataires ecclésiastiques qui se trouvaient inquiétés ou menacés recouraient volontiers à la puissance du roi qui ne manquait pas d'intervenir pour exercer un protectorat très-favorable au développement de son autorité. On voit déjà par l'éclat et les cérémonies dont le clergé entoura le sacre de Philippe Ier, le plus ancien avènement de cette espèce dont la relation nous ait été conservée et qui eut lieu vers le milieu du onzième siècle, en 1059, combien le pouvoir royal avait grandi et quel appui l'Église s'efforçait de lui prêter.

Bientôt les populations asservies vinrent donner à la royauté le moyen de remplir un rôle de même nature dans ce qu'on appela l'affranchissement des communes. Des villes, qui depuis la domination romaine étaient en possession d'un régime municipal qui leur assurait certaines libertés dont les évènements qui avaient accompagné la féodalité les avait privées en tout ou en partie, tendaient à ressaisir leurs anciens priviléges : des populations même réunies autour des châteaux seigneuriaux, accrues et enrichies souvent par les facilités et les concessions que leur avaient faites les seigneurs en leur accordant des droits d'usage sur le territoire, et des avantages de toute espèce, dans le but de peupler leurs domaines, ne voulaient plus supporter les vexations irritantes du régime féodal, et réclamaient même à main armée des garanties d'ordre et de sécurité. De là une infinité de petites guerres terminées les unes par la ruine des bourgeois, les autres par des traités qui, sous le nom de Chartes de communes, conférèrent à un grand nombre de bourgs et de villes une sorte de souveraineté *intrà muros,* qui les affranchissaient jusqu'à un certain point du seigneur, ou les rétablissaient quand il s'agissait de villes anciennes qui n'avaient jamais été entièrement déchues dans leur ancien état. Pour échapper à la vengeance des seigneurs, ces communes ne manquaient pas de réclamer l'intervention des rois qui s'empressaient de l'accorder, et qui surent bientôt trouver le moyen de confisquer à leur profit l'indépendance politique qu'elles avaient conquise avec leur appui, en ruinant en même temps l'autorité des seigneurs.

Comme grands suzerains, les premiers Capétiens puisaient même dans les règles féodales des attributions qu'ils purent mieux que tous les autres étendre et amplifier; ils avaient le droit de convoquer leurs vassaux pour tenir la cour féodale, le droit de recevoir, au moins en certains cas, les appels des causes jugées par les seigneurs inférieurs ou par leurs juges, le droit de poursuivre l'exécution des décisions, de profiter des violations commises contre le devoir féodal ; ils se servirent habilement de tous ces droits mal définis pour se séparer de tous les autres pouvoirs, pour se placer au-dessus d'eux, pour intervenir dans un but d'ordre et de justice, pour protéger les faibles contre les puissants, les gens armés contre les gens désarmés.

Dans cette mission d'ordre et de paix, leurs rapports avec la Papauté, dont la prépondérance n'avait fait que s'accroître, leur furent aussi très-favorables. Bientôt survint l'époque des premières croisades, et le Pape, qui avait besoin d'eux pour les mettre à la tete de ces expéditions, contribua par là même à accroître leur importance.

Enfin, quand la disparition de plusieurs suzerains, par suite des causes exposées plus haut, eut réduit le nombre des fiefs et les eut ainsi rendus beaucoup plus considérables, les premiers rois durent à des alliances heureuses un grand aggrandissement de pouvoir : ainsi le mariage de Louis VII avec Eléonore d'Aquitaine ajouta à la France d'alors la Tourraine, le Poitou, la Saintonge, l'Angoumois et l'Aqui-taine, c'est-à-dire presque toute la partie ouest du royaume actuel ; et, si le divorce qui eut lieu bientôt après fit perdre ces provinces, il resta de la réunion des souvenirs et des prétentions qui plus tard redevinrent des réalités.

Sous Philippe-Auguste, une politique habile, qui sut mettre à profit tous les éléments du pouvoir que nous venons d'analyser, constitua véritablement l'unité territoriale de la France. On sait que ce prince parvint à s'emparer, comme suzerain, des fiefs importants que le roi d'Angleterre possé-dait sur le continent, et notamment du duché de Normandie. Après l'avoir mandé comme son vassal, à comparaître devant la cour féodale présidée par lui, pour répondre de l'accusation portée contre lui, d'avoir fait périr le duc de

Bretagne, son neveu, sans que le roi d'Angleterre eût voulu déférer à ses invitations, Philippe s'autorisa des principes féodaux sur la forfaiture pour s'emparer de son fief.

Le besoin de se réunir, pour soutenir d'aussi grandes guerres que celles qu'il fallait faire à un prince puissant comme le roi d'Angleterre, rendit plus étroite l'union de Philippe avec ses grands vassaux. On voit que la cour féodale était souvent réunie sous son règne, et qu'avec l'assentiment des barons qui la composaient, on adoptait des mesures qui devaient recevoir leur exécution, même dans les terres de ces derniers, nouveau symptôme qui annonçait la grandeur croissante du pouvoir du roi. Il redevenait peu à peu un centre qui ramenait tout à une direction unique. On conserve encore, dans le recueil des ordonnances des rois de France , plusieurs ordonnances émanées de Philippe-Auguste, avec le concours et le consentement des barons.

Ces ordonnances et chartes rappellent quelques principes qui sont depuis devenus fondamentaux dans notre Droit public : tel est surtout celui que, dans la hiérarchie féodale, le roi de France ne peut être le vassal de personne. Dans le fait, le roi pouvait cependant acquérir et acquérait quelquefois des fiefs relevant d'autres suzerains, mais alors il négociait ou exigeait de ce suzerain la dispense de l'hommage. Rien ne peut mieux indiquer la position exceptionnelle qu'il s'était faite entre les autres suzerains.

La création ou au moins la grande extension donnée à l'Université de Paris, l'institution d'un dépôt pour les pièces intéressant son gouvernement, sous le nom d'archives royales, le nombre considérable des jeunes gens appartenant aux familles des principaux suzerains, qui venaient à sa cour pour former leur éducation militaire et qui composaient à eux seuls une armée ; ce sont là tout autant d'indices qui signalent le règne de Philippe-Auguste comme une époque où la royauté avait repris un véritable ascendant et commençait à exercer des droits reconnus.

Cet ascendant se perpétua et prit sous le règne de Saint-Louis une forme plus régulière. Les grands vassaux, qui sentaient leur indépendance menacée, se liguèrent en vain pendant la minorité de ce roi, pour ressaisir leurs prérogatives. La reine Blanche eut assez d'habileté ou de bonheur pour déjouer cette tentative, d'autant plus redoutable qu'elle venait après celle du même genre que venaient de réaliser les barons anglais contre leur roi Jean-Sans-Terre, et qui avait été couronnée du succès, puisqu'ils avaient obtenu de lui cette grande charte devenue le fondement véritable de la puissance aristocratique que nous voyons encore dominer chez nos voisins.

On comprend combien, en France, l'issue toute opposée de la lutte qui devait toutefois se renouveler souvent encore fut favorable à la consolidation du pouvoir royal. Saint-Louis n'abusa point de cet avantage, mais chercha, par de nombreuses ordonnances et règlements, à fixer et à réglementer l'état nouveau, et encore fort incertain, que la naissance du pouvoir royal tendait à introduire.

C'est le but du recueil que nous connaissons sous le nom d'Etablissements de Saint-Louis. Ce recueil est le monument le plus certain qui nous reste de la société féodale et de la lutte de cette société avec la royauté naissante.

Animé d'un esprit de justice qu'il porta partout, Saint-Louis voulait reconnaître les droits des seigneurs féodaux, et il proclame en effet toutes les règles du système féodal, mais il réserve en même temps au pouvoir royal une certaine action pour réformer les parties de ce système, qui étaient antipathiques au bon ordre et à la prospérité générale.

Sous ce dernier rapport, son action dans l'intérêt de la civilisation fut admirable. Il y avait dans la féodalité deux abus surtout qui étaient incompatibles avec la paix publique, les guerres privées entre seigneurs féodaux qui obligeaient tous les parents de ceux qui s'y étaient engagés à les soutenir, et le combat judiciaire. Ce furent ces abus que saint Louis attaqua avec plus d'énergie.

Sans proscrire positivement les guerres privées entre ceux qui se prétendaient offensés, ce qui aurait pù paraître excéder ses pouvoirs, il défendit que nul put attaquer les parents de l'une des parties, ni commettre aucun dégât dans leurs terres pendant quarante jours, à partir de l'explosion de la querelle et jusqu'à ce qu'ils pussent en avoir connaissance et s'être mis en garde. C'est ce qu'on appela la trève du roi qui fut généralement observée et devint une première barrière pour les guerres privées, et un acheminement à leur destruction.

Quant au combat judiciaire, il ne statua que pour ses domaines, en l'abolissant complètement et en y substituant pour tous les cas le système plus rationnel de la preuve par témoins. Mais son exemple et son crédit eurent la plus grande influence pour faire réussir cette innovation; il traita même directement avec plusieurs de ses grands vassaux pour qu'ils consentissent à abolir dans leurs terres le combat judiciaire; et s'il ne parvint pas à déraciner partout cette pratique barbare, au moins est-il certain qu'il la restreignit infiniment.

Cette abolition du combat judiciaire profita d'ailleurs au pouvoir royal, en augmentant les attributions des baillis, prévôts et autres juges qui rendaient la justice, en son nom, dans ses domaines; ils furent désormais les seuls juges de toutes les querelles, et ils puisèrent dans cette position une importance qui était déjà alors très-considérable et qui tendit dès lors à le devenir beaucoup plus.

C'est par cette voie surtout que le Droit reprit sa place dans cette société désordonnée d'où il s'était vu presque exilé. Les jurisconsultes, dont le nom même s'était perdu, reparurent, et ils jouèrent bientôt, sous le rapport politique et juridique, un si grand rôle, ils imprimèrent par là au Droit une direction si utile à bien apprécier que nous devrons entrer sur ce point dans des détails un peu plus étendus.

Nous avons eu soin de marquer les modifications que le
pouvoir judiciaire avait subies par l'action même de la féodalité. A la place de la cour féodale composée des vassaux
du même suzerain, investis d'abord du droit de juger, mais
négligeant eux-mêmes ou n'exerçant qu'irrégulièrement ce
droit, s'était formée une classe spéciale d'hommes particulièrement voués à l'administration de la justice, sous le nom de
baillis, sénéchaux, prévots. Ceux qui exerçaient la justice
du roi, devenue plus importante à cause de l'abolition complète dans ses domaines, sous le règne de saint Louis, du
combat judiciaire, étaient déjà, à la fin du treizième siècle,
de véritables magistrats ; à la vérité ils ne jugeaient pas seuls
et à l'imitation de ce que pratiquait avant eux le suzerain
dans la cour féodale, ils devaient même plutôt diriger le
débat et faire exécuter la décision qu'être juges ; ils appelaient auprès d'eux, pour examiner les cas qui leur étaient
soumis, quelques hommes du lieu qu'on nommait *des jugeurs.*
Pendant quelque temps, c'étaient de petits possesseurs de
fiefs, des chevaliers qui se réunissaient ainsi auprès du bailli
ou prévôt pour lui servir d'assesseurs. Les baillis eux-mêmes
furent d'abord des seigneurs féodaux de quelque importance,
qui acceptaient des fonctions dédaignées par les grands barons. Mais, au bout d'un certain temps, par leur incapacité,
par leur ignorance et leur antipathie pour les devoirs qui
leur étaient imposés, les anciens possesseurs de fiefs laissèrent
échapper ce dernier débris de leur ancien pouvoir, et leur
place fut occupée par des hommes appartenant d'abord à
l'Église et ensuite à la bourgeoisie, anciens colons ou anciens
serfs dont la position s'était améliorée et qui restèrent à peu
près seuls, soit comme baillis, soit comme assesseurs en possession de l'administration de la justice. Le même fait se
répéta dans les domaines des autres suzerains et même des
seigneurs inférieurs, où les jurisdictions destinées à rendre
la justice aux hommes du fief, ou à connaître seulement de
certains cas, s'organisèrent sur le même modèle. Avec le

délégué du seigneur, on vit siéger d'abord de simples citoyens sous le nom de *pairs de fief* ou *pairs cottiers*, selon la dignité du tribunal auquel ils appartenaient. Mais, plus tard, ils furent remplacés par des jurisconsultes désignés par le président du siége, et qui puisait dans cette désignation à peu près permanente une sorte de caractère de magistrature.

Au temps de Saint-Louis, ce dernier changement n'avait point encore eu lieu, mais il se préparait, et la classe des légistes acquérait une importance toujours croissante. Embrassant avec ardeur la cause du roi, ils introduisirent bientôt une foule de distinctions subtiles, inintelligibles aux seigneurs, et dans lesquelles les droits et les jurisdictions de ces derniers se trouvaient journellement compromis. C'était le temps où l'étude du Droit romain, depuis longtemps relégué dans des traditions de plus en plus obscurcies, venait de se réveiller en Italie. La découverte des anciens textes de Justinien avait ravivé l'amour de la science, et on avait vu paraître Irnérius et l'école des Glossateurs. Ce mouvement, quoique encore faible, avait pénétré jusqu'en France, et la classe nouvelle des légistes y avait puisé, pour le succès de ses desseins, une arme merveilleuse et dont elle sut se servir.

Le Droit romain portait, en effet, partout avec lui, l'empreinte d'un pouvoir unique et souverain, dominant l'État. Son génie était par cela seul essentiellement hostile aux traditions féodales; de plus, et surtout dans sa dernière expression, dans les recueils de Justinien, il se présentait comme une législation d'égalité absolue entre les citoyens, garantissant les droits de tous, étrangère aux distinctions de classes et aux diverses natures de propriété.

Cette législation était, en outre, savante et prévoyante. Les jurisconsultes romains excellaient surtout à raisonner didactiquement sur un principe légal, et à en extraire par le raisonnement, et souvent par des subtilités, toutes les conséquences dont il était susceptible.

Voilà ce qui fit sa fortune auprès des légistes ; en même
temps qu'il favorisait leurs tendances politiques, hostiles aux
seigneurs, il leur donnait la science nécessaire pour les attaquer et les vaincre au moins sous le rapport juridique.

Aussi la réapparition du Droit romain qui commença sous
le règne de Saint-Louis, mais qui fit ses plus grands progrès
sous les règnes suivants, fut-elle en France un évènement
d'une grande importance.

L'action des légistes, sous le règne de saint Louis et de
ses successeurs immédiats, se révèla déjà par des résultats
décisifs au profit du pouvoir royal.

D'abord, bien que saint Louis dans ses actes législatifs
montre partout l'intention de reconnaître l'indépendance des
seigneurs, les légistes n'en soutenaient pas moins que le roi
avait le droit de faire des règlements et ordonnances exécu-
toires sur les terres de ses vassaux.

« Quand le roi, dit Beaumanoir qui écrivait sous le règne
« du fils de Saint-Louis, fait des ordonnances particulières
« pour ses domaines, les barons ne sont pas tenus, dans le
« gouvernement de leur territoire, d'abandonner les anciens
« usages ; mais si l'ordonnance est générale, elle doit être
« observée dans tout le royaume, car nous devons croire
« qu'elle n'a été faite que de bon avis ou pour l'avantage
« commun (1). »

En développant cette théorie vague et indécise, les jurisconsultes trouvèrent bientôt le système des *cas royaux*, c'est-
à-dire qu'ils soutinrent que, dans plusieurs cas, à raison de
la nature des affaires, les juridictions féodales étaient in-
compétentes pour juger, et qu'il fallait nécessairement recourir aux justices établies par le roi.

(1) Voirs est que ly roys est souverains pardessus tous et a de son droit
le général [garde dou royaume : par quoi il peut faire tex établissements
comme il ly plet pour le quemun profit : et che que il establit i doit estre
tenu. (Beaumanoir, coutume de Beauvoisis, c. 54 p. 181.)

8

Ces cas royaux, sans limites et sans définitions qui pussent les faire reconnaître, étaient devenus pour les juridictions seigneuriales un intolérable abus. On voit que, sous Louis x, les barons de Champagne, confédérés pour faire valoir leurs griefs contre l'autorité royale, lui demandent de définir positivement ce qu'il faut entendre par *cas royaux;* à quoi le roi répond par cette phrase ambiguë : « C'est à savoir que « la royale majesté est entendue ès cas qui de droit ou de « ancienne coutume peuvent ou doivent appartenir à sou- « verain prince et à nul autre. »

L'introduction des cas d'appel fut pire encore pour les droits des seigneurs.

Avant saint Louis, le Droit d'appel au suzerain et à la cour féodale avait existé : mais d'abord il n'existait que dans deux cas qu'on désignait sous le nom de *défaute de Droit ou de mauvais jugement*, c'est-à-dire pour le cas de déni de justice de la part du seigneur qui devait la rendre, et, pour le cas où lui ou bien ses hommes avaient rendu un jugement évidemment inique. Cet appel s'exerçait en traduisant le seigneur lui-même ou le prévôt qui avait rendu le premier jugement devant le suzerain, et le plus souvent en l'appelant lui-même au combat judiciaire.

Saint Louis, en supprimant le combat judiciaire, écarta ce que la voie d'appel avait de plus fâcheux, et il intéressa les seigneurs eux-mêmes à cette innovation salutaire, en prononçant contre ceux qui succombaient dans leurs appels une amende au profit du premier seigneur qui avait rendu le jugement. Les seigneurs espérant beaucoup d'amendes approuvèrent en général le nouveau règlement.

Mais les baillis, violant l'ordre des appels, firent bientôt admettre qu'au lieu d'appeler devant le juge supérieur le seigneur ou le juge qui avait rendu le premier jugement, c'était la partie adverse seule qu'il fallait y amener : au lieu d'exiger un déni de justice ou une injustice évidente pour l'appel, ils admirent les appels fondés sur des énonciations

quelconques. Alors le nombre des appels s'augmenta rapide-
ment et enfla prodigieusement les attributions de la cour du
roi ; ceci nous conduit à l'institution des parlements.

Ce fut en 1302, sous le règne du roi Philippe-le-Bel, que
le parlement, corps institué pour juger les appels des juridictions inférieures, fut rendu sédentaire à Paris. Il paraît
que jusqu'à cette époque le jugement des appels n'avait pas
été entièrement laissé aux baillis et à la classe des jurisconsultes, comme les autres affaires. Il y avait seulement de
temps en temps des sessions où le roi appelait quelques
prélats et barons en petit nombre, auxquels on adjoi-
gnait des légistes chargés de les aider de leurs conseils et de
recevoir les enquêtes, sans avoir eux-mêmes voix délibérative.
Quand les sessions furent devenues permanentes, à cause du
nombre des affaires, les barons cessèrent d'y paraître en
conservant toujours néanmoins leur droit, mais les jurisconsultes exercèrent seuls les fonctions de juges ; les prélats
cependant y figurèrent beaucoup plus longtemps parce qu'à
cette époque l'étude du Droit leur était aussi familière.

Les princes et les seigneurs, après ce changement opéré,
continuèrent cependant à venir au parlement dans certaines
occasions solennelles. Le roi lui-même ne dédaignait pas
de s'y rendre quelquefois, soit pour prendre part aux jugements de causes importantes, soit pour faire publier les
ordonnances qu'il avait rendues. Cet usage conservait au
parlement beaucoup d'éclat, en rappelant toujours, malgré
les changements opérés, qu'il représentait l'ancienne cour
féodale du suzerain.

Il se forma des parlements dans plusieurs autres provinces
de France, qui tous eurent une origine à peu près semblable.

Les parlements, et surtout celui de Paris, prétendirent
plus tard exercer dans l'État un droit autre que celui de
rendre la justice. Nous ferons connaître un peu plus loin
l'origine de ces prétentions.

L'appui des parlements, joint à toutes les autres cir-

constances que nous avons indiquées, conduisait la royauté
à un pouvoir presque absolu; c'est, en effet, ce qui se réa-
lisa, sauf toutefois plusieurs réactions du système féodal.
Le règne de Philippe-le-Bel, qui termine le treizième siècle,
peut être cité comme montrant déjà le pouvoir royal arrivé
à un grand développement.

Ce roi rendit un très-grand nombre d'ordonnances relatives à une foule d'objets d'intérêt général pour tout le
royaume. Ces ordonnances émanent de lui seul, et il n'y est
fait mention ni du consentement, ni même du conseil des
grands possesseurs de fief. On peut en conclure que sur
tous les points non positivement réglés par la coutume lo-
cale de chaque lieu, il se crut en droit d'exercer au détriment de tous les autres le pouvoir législatif.

Un autre droit de la souveraineté, celui de battre monnaie,
fut aussi enlevé aux seigneurs féodaux ou au moins limité
dans leurs mains. Philippe-le-Bel, sous prétexte de l'alté-
ration des monnaies, s'arrogea un droit d'inspection générale
sur tout leur système monétaire, et finit par les en dépouiller
par une foule de procédés directs ou indirects. Il y trouva
le moyen de se livrer lui-même à de grands abus et à de
véritables exactions sur les seigneurs.

Il ne recula pas même devant la prétention d'établir des
impôts en dehors de ses domaines; non cependant qu'il ait
eu la pensée d'y imposer des taxes régulières directement
perçues à son profit; mais il trouva dans une foule de mesures prohibitives pour le commerce, dans des impôts sur
les denrées, des moyens indirects de parvenir au même but.

Il n'y eut qu'un point où il se rapprocha des grands
vassaux et rechercha leur appui, ce fut lorsqu'il s'agit de
traiter à l'étranger de la guerre ou de la paix, ou bien
dans ses grandes affaires avec l'ordre des Templiers et le
Pape.

Pour se donner des forces, il ne craignit pas alors de de-
mander avis et conseil et non-seulement aux seigneurs,

mais aussi au clergé, et même à la bourgeoisie qui avait déjà à cette époque acquis par ses richesses, surtout dans les communes et villes qui s'étaient affranchies de la puissance seigneuriale, une assez grande prépondérance.

C'est à cette circonstance que Philippe-le-Bel doit la réputation qu'il a gardée dans l'histoire, d'avoir le premier convoqué les États généraux. Il est facile de voir que cette convocation ne fut qu'un nouvel indice de la déchéance des seigneurs féodaux, à qui le roi associait désormais, pour requérir conseil, deux nouveaux éléments qui n'avaient pu grandir que sur leur ruine, le clergé et la bourgeoisie. L'appel même de nobles non possesseurs de fiefs, était un fait incompatible avec la composition de l'ancienne cour féodale.

Quoiqu'il en soit, une sorte de nécessité résultant de la marche des évènements accrédita cette innovation qui, pendant quelque temps au moins, tint une grande place dans la constitution française. Au lieu d'assemblées féodales, composées uniquement de grands vassaux, il y eut des assemblées où les différents ordres de l'État, dont l'influence était désormais un fait incontestable, eurent leurs mandataires et leurs représentants. Maîtres de décider isolément les mesures qui concernaient chacun d'eux, ils se réunissaient pour délibérer sur celles qui touchaient à l'intérêt général de l'État.

Toutes les prérogatives attribuées à l'ancienne cour féodale, sauf le pouvoir judiciaire dont la classe des légistes et le parlement se trouvaient définitivement en possession, auraient dû être le partage des États généraux; et, dans le Droit, c'était bien là le principe qui fixait le cercle de leurs attributions : ainsi point d'impôt nouveau légal, sans le consentement des États; point de démembrement de territoire, point de changement aux anciennes coutumes locales, surtout en matière de Droit civil, sans leur adhésion.

Les rois respectaient dans leurs discours toutes ces règles

passées sans contestations dans le Droit public qui s'était
formé ; mais, dans le fait, maîtres de l'exécution et de la
promulgation des mesures que les États avaient approuvées,
ils exerçaient un pouvoir presque sans limites. La durée
des États toujours convoqués par le roi, était trop courte ,
leurs discussions trop peu approfondies , pour qu'ils pussent
eux-mêmes faire des lois et veiller à l'accomplissement de
leurs volontés. Il aurait fallu introduire dans ces assemblées
une régularité que nos voisins d'Angleterre, qui possédaient
alors des institutions à peu près parallèles , surent promptement obtenir, mais que la France ne devait posséder
qu'à une époque bien postérieure et encore alors bien
éloignée.

La tenue des États, sous Philippe-le-Bel lui-même et plus
encore sous ses successeurs, devint de plus en plus rare et
irrégulière. Leurs fonctions presque exclusivement consul-
tatives perdirent chaque jour de leur importance. La puissance législative passa de fait toute entière entre les mains
du roi. Cependant, dans plusieurs provinces réunies plus
tardivement à la couronne, et dans lesquelles les rois avaient
pour ce motif plus de ménagements à garder , il est juste
d'observer que les États particuliers, composés à l'image
des États généraux, se maintinrent plus longtemps et firent
quelquefois respecter leur indépendance ; mais partout on
peut dire qu'ils ne furent qu'un contre-poids bien léger à
l'autorité du roi. L'institution avait fini par la désuétude, et
on sait qu'il n'y avait pas eu d'États généraux en France
depuis près de deux siècles, lorsqu'on imagina de revenir à
cette forme en 1789.

Mais l'état d'insignifiance à laquellle arriva l'institution
des États généraux, profita singulièrement aux parlements
qui surent hardiment attirer à eux une partie de leurs prérogatives. Quand le parlement vit le roi trouver, dans une
foule de procédés directs ou indirects, le moyen de se passer
des États pour rendre des lois ou établir des impôts, il se

constitua le représentant de la nation pour lui porter des remontrances.

Il sut profiter, pour conquérir ce droit important, d'un usage ancien et, à ce qu'il paraît, contemporain de l'institution du parlement, d'après lequel les lois et ordonnances nouvelles lui étaient adressées. Le greffier en donnait lecture dans l'auditoire et les transcrivait sur ses registres. Cet enregistrement, après la décadence des États généraux, changea de nature. Les parlements y trouvèrent le droit d'examiner les nouvelles mesures législatives qui leur étaien adressées, et de les refuser ou de les modifier. D'après eux toute ordonnance pour devenir légale, devait être enregistrée, après une délibération libre.

Les rois, comme l'observe judicieusement un historien, à propos de Louis xi, favorisèrent ces prétentions en les tolérant. Désirant s'affranchir du contrôle des États où les débris de la féodalité et même le clergé pouvaient leur susciter de graves embarras, et comprenant cependant qu'il importait de ne pas paraître aux yeux de la nation dépourvus de tout contrôle, ils aimaient mieux se livrer à l'opposition amie des légistes, et ménager les parlements dans lesquels ils avaient trouvé et trouvaient toujours des auxiliaires dévoués pour leur autorité. Aussi a-t-on remarqué que Louis xi, le plus absolu des rois, celui qui porta au pouvoir chancelant des anciens seigneurs les coups les plus rudes et les plus décisifs, fut un de ceux qui supportèrent avec plus de facilité les résistances du parlement.

La doctrine de la nécessité de l'enregistrement par les cours souveraines finit par prendre place parmi les institutions, et elle devait amener la conséquence de créer aux parlements un rôle politique important à côté de leurs fonctions judiciaires. L'ancien usage que nous avons mentionné déjà, d'après lequel le roi et les seigneurs, et notamment les plus anciens vassaux du domaine royal, qui composaient l'ancienne cour féodale du roi, comme suzerain, et qui à ce titre avaient

pris la qualité de pairs de France, venaient en certaines occasions prendre séance au parlement, se perpétua. Les seigneurs, considérant cet usage comme un droit, le pratiquèrent
surtout lorsqu'il s'agissait de mesures d'un grand intérêt politique ; par là ils donnèrent de la consistance à l'idée que le
parlement cherchait à accréditer qu'il était non-seulement
sous le rapport judiciaire, mais aussi sous le rapport politique,
le vrai représentant de l'ancienne cour féodale. On retrouve
cette idée chez beaucoup de publicistes, et on voit qu'elle
était répandue dans les pays étrangers où l'on devait plus
encore qu'en France juger sur les apparences.

« Parmi les royaumes bien ordonnés et bien gouvernés est
« celui de France, dit Machiavel dans le livre du prince, liv. 1,
« chap. 16, car il s'y trouve une infinité de bons établisse-
« ments dont dépend la liberté et la sûreté du roi. Le premier
« d'entre eux est le parlement et son autorité..... Les parle-
« ments sont les gardiens et protecteurs des lois et ordon-
« nances, et principalement celui de Paris. »

Les parlements étaient si bien entrés dans cette voie qu'ils
avaient fini par prétendre soumettre à leur vérification jusqu'aux mesures législatives arrêtées avec le concours des
États généraux. C'est ce qui résulte formellement des remontrances adressées au roi Louis XIII, en 1614, par le
parlement de Paris, après la clôture des États généraux tenus
dans le cours de cette année.

Mais, quand le roi se vit libéré de la contrainte que lui
imposait la tenue des États, il s'appliqua à restreindre ces
prétentions exorbitantes. On soutint alors dans l'intérêt du
pouvoir royal, que dans le roi seul résidait toute la puissance
législative, et que si, nonobstant les remontrances des parlements, il persistait dans sa volonté, c'était le devoir des
parlements d'obéir. Pour vaincre leur résistance ou pour
l'empêcher de naître, on recourut à ce qu'on appela les *lits
de justice*. Le roi se rendait solennellement au parlement ;
et, comme en sa présence le respect ne permettait pas une

délibération véritable, il faisait enregistrer par sa seule autorité les ordonnances qu'il avait rendues. Sous Louis XIV,
époque où la doctrine du pouvoir absolu de nos rois avait
acquis son plus grand développement, deux édits, l'un de
1617 et l'autre de 1663, avaient même établi comme règle
absolue, que les parlements devaient enregistrer dans la hui-
taine les ordonnances, sans modification aucune. Après l'avoir
fait, il leur était seulement permis d'envoyer des remontrances, mais sans pouvoir y insister une seconde fois, si
elles n'étaient pas accueillies.

L'enregistrement de ces édits ne fut pas volontaire, et
les parlements, dès l'instant qu'ils ne furent plus contenus
par la crainte, les considérèrent comme non avenus et n'en
tinrent plus aucun compte. Pendant toute la durée du dix-
huitième siècle, il y eut entre eux et l'autorité royale une
lutte persistante qui ne devait aboutir qu'à une ruine commune après 1789.

Mais, sans arriver encore à cette grande crise de l'état social en France, on voit par ces aperçus quelle grande part
la classe des légistes et des jurisconsultes, une fois introduite
dans les pouvoirs de l'État, prit à la révolution qui amoin-
drit d'abord et finit par déraciner complètement le système
féodal avec toutes les institutions qu'il avait fondées. Dans
cette lutte persévérante réside essentiellement l'histoire du
Droit français, et il ne faut pas se lasser d'en étudier les
détails.

Nous avons déjà dit que le Droit romain, remis en honneur
dès le douzième siècle, dans les universités d'Italie, avait été
dans les mains des légistes un instrument puissant. Leur prépondérance devait donc amener celle du Droit romain, et
c'est ce qui arriva.

Les premiers savants qui, après avoir puisé en Italie la
connaissance approfondie de ce Droit, vinrent en France se
consacrer à le répandre et à le populariser, eurent d'immenses succès. Les villes se les disputèrent, et on considéra

leur possession comme un avantage du premier ordre. Cujas eut encore des succès de ce genre dans le seizième siècle.

Les institutions féodales et celles opposées au Droit romain avaient cependant leurs bases dans les coutumes et les traditions locales non écrites, mais passées profondément dans les mœurs du pays, et par cela même bien difficiles à déraciner. Un grand moyen, pour se rapprocher au moins de ce but, fut de faire écrire la coutume, et de substituer par ce moyen aux souvenirs des anciens habitants un texte formant seul la loi, et tombant dans le domaine de l'interprétation.

Avant que les coutumes fussent écrites, elles se prouvaient de deux manières, dans les cas rares où les juges pouvaient être embarrassés : on proposait la question dans le lieu où le prévôt des marchands s'assemblait, avec les principaux bourgeois, pour les affaires de la communauté, et on recueillait les avis ; c'est ce qui s'appelait *le parloir aux bourgeois*.

Ou bien on convoquait au tribunal plusieurs personnes bien famées qui témoignaient que telle était ou n'était pas la coutume ; c'était alors *l'enquête par tourbes*. L'enquête exigeait la présence de dix personnes au moins.

C'étaient là des moyens conservateurs des usages locaux, mais qui n'assuraient qu'une justice lente et incertaine. La proposition de rédiger les coutumes par écrit était indiquée et finit par prévaloir, malgré beaucoup d'opposition (1).

Les premiers essais dans cette voie furent d'ailleurs commandés par une nécessité particulière. Les Croisés, maîtres de la Terre-Sainte, voulant reproduire dans ce pays une image fidèle de leur société, furent obligés de faire écrire leurs usages sous le nom d'*Assises de Jérusalem;* c'est un monument précieux de l'état social d'alors.

_____

(1) En Angleterre la coutume est restée non écrite : seulement les juges ont pour l'expliquer les précédens établis par leur jurisprudence.

Les *Etablissements de Saint-Louis* que nous avons mentionnés et les *Conseils à un ami* par le jurisconsulte Pierre Defontaines, qui contiennent les coutumes de France et de Vermandois et qui furent rédigés à la demande de saint Louis, peuvent aussi être considérés comme un essai du même genre.

Dans le treizième siècle, le parlement de Paris et celui de Normandie qui portait alors le nom d'Échiquier, firent faire des rédactions officielles de leur jurisprudence. Cette rédaction, pour ce qui concerne le parlement de Paris, porte le titre d'*Olim*.

Dans le cours des treizième et quatorzième siècles, il y eut aussi plusieurs recueils de coutumes et de jurisprudence publiés individuellement par les jurisconsultes, comme la Coutume de Clermont en Beauvoisis rédigée par Beaumanoir, les Décisions et le Style du parlement de Jean Desmares, la Somme rurale de Bouteiller.

Enfin Charles VII, en 1453, rendit une ordonnance qui exigeait, d'une manière générale et pour tout le royaume, la rédaction des coutumes.

Cette grande œuvre cependant n'avança que bien peu sous son règne ; mais l'autorité royale, une fois entrée dans cette voie, y persévéra avec ténacité. Louis XI, Charles VIII, Louis XII et François 1er rendirent de nouvelles ordonnances et virent enfin s'accomplir le but de leurs efforts.

On ne se borna pas même à une première rédaction ; bientôt, sous divers prétextes, on procéda à de nouvelles réformations.

On comprend sans peine que dans ce grand travail de la rédaction des coutumes, elles eurent à subir des modifications, et l'esprit légiste qui y présida constamment ne laisse pas de doute sur la tendance de ces modifications.

Des commissaires du parlement étaient envoyés dans chaque localité pour présider les assemblées dans lesquelles se discutaient les coutumes, et qui étaient composées des représentants des trois ordres : la noblesse, le clergé et la bourgeoisie. Ils dressaient, avec le concours des magistrats locaux et souvent des praticiens, les projets qui devaient être soumis à ces assemblées, et qui étaient acceptés ou refusés par elles. De là ces projets étaient soumis à l'examem du grand conseil du roi, et enfin enregistrés au parlement.

Il résulta de cette manière de procéder qu'à part les points où l'on n'eût pu innover sans faire violence à des idées traditionnelles ou à des intérêts trop majeurs, le Droit romain fit pénétrer partout son esprit dans les coutumes et en inspira les rédactions.

La coutume de Paris notamment devint toute romaine. L'un des jurisconsultes qui travailla le plus à cette fusion du Droit romain avec le Droit coutumier, et qui y acquit une grande réputation, fut Dumoulin.

Après le travail officiel de rédaction, vint le travail privé des commentateurs qui, en suivant toujours la même voie, finirent par faire prévaloir partout en France le Droit romain, si ce n'est comme loi écrite, au moins comme seul moyen d'interprétation et base véritable de tout élément juridique.

Bientôt cette prépondérance fut un fait acquis parmi les jurisconsultes, et l'autorité du roi, qu'une foule de circonstances tendait toujours à grandir, y trouva un point d'appui pour prendre un caractère de plus en plus absolu. Ce fut sous les règnes qui suivirent celui de François 1er, qu'on vit le chancelier représentant officiel de l'influence légiste dans le conseil du roi, accréditer publiquement des maximes comme celle-ci : *qui veut le roi si veut la loi*, c'est-à dire qu'au roi seul appartenait le droit de faire des lois suivant sa volonté, ou bien encore que le roi était *le souverain fieffeux du royaume*, comme représentant par droit de succession ou de cession volontaire tous les anciens suzerains supérieurs, d'où l'on tirait notamment cette conséquence fondée sur la règle nulle terre sans seigneur, qu'il avait sur toutes les terresdu royaume

qui ne justifiaient pas de leur nature allodiale les droits
utiles attachés au titre de seigneur féodal.

De telles maximes, et surtout la dernière, trouvèrent cependant des résistances qui, dans certaines provinces au
moins, ne furent jamais surmontées (1). Mais, au siècle de
Louis XIV, elles eurent un grand crédit et figurèrent dans
les ouvrages de plusieurs publicistes et même dans les actes
officiels, comme des maximes incontestables.

Ce n'avait pas été toutefois sans des luttes vives et prolongées que l'esprit féodal avait été ainsi vaincu et terrassé.
Depuis Philippe-le-Bel jusqu'à Louis XIV, l'histoire de
France est pleine de réactions féodales, de ligues des seigneurs
entre eux, et il fallut les vaincre plusieurs fois pour assurer
le succès auquel les légistes travaillaient sans relâche dans
l'intérêt du roi.

Un des moyens suggérés par les légistes avait été les grands
procès politiques, au moyen desquels le roi faisait juger par
des baillis et prévôts qu'il nommait à son gré, et qui prirent
de là le nom de Commissaires, les personnages marquants qui
étaient tombés en sa disgrâce. Quelquefois les seigneurs féodaux parvinrent à retourner ce moyen contre leurs ennemis,

(1) C'est l'ordonnance de 1629, art. 383, plus connue sous le nom de
Code Michaut, qui la première avait voulu consacrer ce principe exorbitant
que toutes les terres qu'on ne justifierait pas relever des seigneurs particuliers seraient censées relever du roi. Ce principe était répété dans le
préambule d'un édit du mois d'août 1692, qui portait : « L'application
« continuelle que nous avons à rechercher toutes les parties de notre
« domaine qui ont été ci-devant aliénées ou usurpées, nous ayant fait
« connaître que nous n'avions point de droit mieux établi ni plus insépa-
« rablement attaché à notre couronne que celui de la mouvance et directe
« universelle sur toutes les terres de notre royaume. » Il n'en fut pas
moins repoussé partout dans les pays de droit écrit : le Languedoc, la
Guienne, le Dauphiné, la Provence, le Lyonnais n'ont jamais abandonné
un seul instant la maxime nul seigneur sans titre. (V. Furgole, traité du
franc-alleu, no 185.)

et c'est ainsi qu'en 1315 un légiste longtemps en faveur, Enguerrand de Marigny, fut jugé par une commission de chevaliers et condamné à être pendu, sur les plus absurdes accusations et après la plus odieuse procédure (1).

A la même date de 1315, Louis x, dit le Hutin, fut amené par les réclamations des seigneurs à rendre une ordonnance très-détaillée, contenant le redressement d'un grand nombre de griefs.

Sous les Valois et les Bourbons, les seigneurs, quoique dépouillés depuis longtemps déjà des plus belles prérogatives de leur ancienne souveraineté, montrèrent cependant, dans les guerres que suscita l'invasion du protestantisme, une certaine puissance militaire et l'intention de recouvrer d'anciens droits; renfermés dans les villes et forts de leur domination, ils bravèrent souvent l'autorité du roi; mais, après Richelieu et Mazarin, toute puissance réelle et effective leur échappa sans retour.

Ils ne conservèrent plus que des prérogatives honorifiques que la royauté ne leur disputa point, et des droits utiles qu'elle partagea avec eux. L'ancienne classification de la terre en fiefs et arrière-fiefs, qui était la source de ces droits utiles à cause des redevances, droits de mutation et autres qu'avait introduit la feodalité, et qui sous une infinité de noms grevaient certaines propriétés au profit des autres, fut toujours maintenue. Les basses juridictions féodales furent également conservées aux seigneurs, à la charge d'en déléguer toujours l'exercice.

Après le long règne de Louis xiv, toutes ces anciennes

---

(1) C'est, pour le dire en passant, au souvenir de ces procès politiques qu'il faut attribuer la défaveur qui accompagne toujours en France les jugements émanés de commissaires , c'est-à-dire de juges désignés pour statuer sur une affaire déterminée, et c'est ce qui a fait considérer l'inamovibilité des fonctions judiciaires comme l'un des plus précieux avantages introduits par les constitutions modernes.

luttes féodales, qui avaient rempli plusieurs siècles de la
monarchie, étaient comme oubliées. L'idée du roi absolu
dans la politique, aussi bien que celle du Droit romain
comme source de toute justice s'étaient tellement empreintes
dans les esprits qu'on finit par croire que c'étaient là des
systèmes nécessaires, et que leur bonté et supériorité
naturelles avaient fait admettre sans réclamation. C'est dans
ce sens que raisonnent les grands jurisconsultes de cette
époque, Pothier et Domat. Étrangers à tout esprit de parti et
même à toute préoccupation politique, ils s'appliquent seulement à exposer le Droit pour le Droit lui-même, et à présenter avec une clarté parfaite et une grande logique le bel
ensemble de règles qui le composent, sans s'occuper de remonter aux sources et aux évènements qui les leur avaient
transmises.

Le Droit romain est la base à peu près unique de leurs
travaux, et ils traitent, d'après ses principes, les matières
mêmes qui lui sont étrangères.

Les ouvrages de ces hommes distingués sont restés comme
des modèles dont les législateurs modernes se sont hâtés de
s'emparer, et qu'ils ont reproduits sur beaucoup de points
d'une manière presque littérale, lorsqu'ils ont voulu résumer
dans un code unique toutes les lois civiles.

Cette pensée d'une législation unique et simplifiée, sub-
stituée aux usages et aux coutumes divers qui divisaient à
l'infini le sol de la France, avait été déjà plusieurs fois mise
en avant dans le siècle dernier ; et il semblait que le caractère absolu, qu'avait pris l'autorité royale, eût dû la rendre
dès-lors d'une exécution facile. Les hommes les plus considérables de ce temps dans les conseils du roi, Lamoignon et
d'Aguesseau, travaillèrent avec ardeur à la réaliser. Mais ils
trouvèrent encore dans les traditions et les parlements une
opposition qu'ils ne purent vaincre, ou qui ne leur permit du
moins de soumettre à des règles uniformes que quelques matières spéciales. Ainsi, sous Louis XIV, il y avait eu déjà des

ordonnances générales sur la procédure, sur le commerce, sur la marine, sur le Droit criminel, sur la juridiction ecclésiastique. Sous Louis xv, d'Aguesseau ne craignit pas de faire règlementer de cette manière même plusieurs matières des plus importantes du Droit civil. Il y eut en 1731 une ordonnance sur les donations; en 1735, une ordonnance sur les testaments; en 1737, une ordonnance sur les substitutions; en 1771, une ordonnance sur les hypothèques. Ces ordonnances à la vérité avaient rencontré sur plusieurs points des résistances, et n'étaient pas complètement exécutées dans le ressort de tous les parlements; mais elles n'en furent pas moins un grand acheminement vers une codification générale.

Toutefois avant la réalisation complète de cette grande idée, l'État devait encore passer par de nouvelles et terribles secousses. La bourgeoisie, victorieuse sous le nom de Tiers-État, avait acquis en puissance, en richesses, en forces, une position qui n'avait d'égale dans aucun autre pays, et qui lui donnait véritablement la prépondérance sociale. Cette position était en grande partie due aux légistes, presque tous sortis de son sein. La tolérance des rois avait créé un nombre indéfini d'offices de judicature que les parlements couvraient de leur autorité. Ces offices, devenus vénaux par suite de concessions faites dans les moments de détresse financière de l'État, étaient accessibles à tous ceux qui pouvaient disposer de sommes suffisantes pour les payer, et faisaient ainsi affluer vers cette classe une foule d'hommes qui tendaient à l'agrandir et à la rendre plus importante.

Après avoir été depuis six siècles l'appui du pouvoir royal et la cause véritable de son extension, elle se tourna contre lui, et se plaignit de l'excès de sa puissance et de l'appui qu'elle prêtait à ce qui restait encore des débris de la féodalité.

En même temps des principes désorganisateurs et profondément hostiles à tout ordre social pénétraient dans les masses : l'histoire et la philosophie, ces deux gardiennes des États étaient détournées de leurs voies et livrées, contre toute vérité et tout bon sens, aux erreurs les plus graves.

Les faits les plus constants de notre histoire, ceux qui expliquent dans les siècles antérieurs l'existence du pouvoir royal et des institutions féodales, étaient l'objet de doutes et de dénégations. On se plaisait à ne voir dans l'état actuel que le résultat d'une oppression calculée entre quelques hommes, violateurs d'un contrat primitif qui devait assurer à chaque citoyen une part égale des jouissances sociales; en philosophie, on trouvait en raisonnant *à priori* que tout homme venant en ce monde y avait un droit imprescriptible à certains droits prétendus naturels auxquels on ne pouvait attenter sans crime.

Quand ces maximes eurent établi leur empire dans les esprits, l'ordre social que les évènements avaient amené en France disparut tout entier dans une grande commotion politique, et de nouveaux législateurs se mirent à l'œuvre pour en reconstruire un nouveau d'après leurs idées.

Leur action fut décisive contre tout ce qui restait des anciens débris de la féodalité ; il n'y eut plus de prérogatives honorifiques, plus de distinction entre les diverses classes de citoyens, plus de terres tenues en fiefs ou soumises à des redevances ou services quelconques, plus de justices seigneuriales, en un mot, égalité complète des personnes et des biens devant la loi.

Un moment, on put croire que le Droit civil lui-même allait périr dans la tourmente qui emportait tout sur son passage, lois, mœurs et religion. Quelques hommes se croyaient le pouvoir de refaire entièrement la société, et de la replacer sur des bases tout-à-fait différentes de celles sur lesquelles elle s'était jusques alors appuyée..

Ces tentatives, dont il fut souvent question dans l'assemblée constituante et l'assemblée législative, et qui reçurent

9

même dans la convention nationale un commencement d'exécution, n'aboutirent cependant qu'à des efforts impuissants. Au bout de très-peu de temps, un immense besoin d'ordre et de sécurité amena dans les esprits une réaction salutaire ; on comprit le vide des prétendus systèmes naturels opposés aux traditions du passé que l'expérience avait consacrées. Bonaparte, qui sut se faire le représentant et le protecteur de ces idées recueillit une gloire immense et fut salué des acclamations unanimes de la France. Il ressaisit d'une main forte l'ancien pouvoir absolu des rois, bien augmenté encore malgré l'apparence de quelques formes républicaines dont il consentit pendant quelque temps à le laisser entouré, par une centralisation administrative que la République lui avait léguée, et qui, en ramenant tout à lui, constituait une unité gouvernementale qui ne pouvait avoir de précédents et d'exemples que dans l'ancienne unité du pouvoir impérial romain.

Le Droit romain s'alliait très-bien à ce pouvoir ; aussi brilla-t-il bientôt d'un nouvel éclat. Les coutumes, qui n'étaient jusques-là qu'à demi subjuguées par lui et qui gardaient toujours l'empreinte des institutions féodales, disparurent devant la nouvelle puissance, et on put alors, sans difficultés, accomplir le vœu qui avait été depuis longtemps formé, de n'avoir pour tout le royaume qu'une seule législation réduite à des textes positifs.

L'idée qui présida à la création de ce monument législatif qui est notre code civil actuel ne fut cependant pas exclusive. Beaucoup d'institutions d'origine purement germaine ou nationale ont pris place dans sa rédaction que les auteurs eux-mêmes ont appelé une transaction entre le Droit romain et les coutumes (1). La pensée de la révolution qui venait de s'opérer y fut admise aussi dans ce que ces résultats avaient

(1) Discours préliminaire du Code civil.

eu de définitif et que nous avons déjà signalé : indépendance
respective des personnes et des propriétés ; égalité complète
des citoyens devant la loi ; séparation absolue de l'ordre religieux et de l'ordre politique ; ce n'était là au surplus, sauf
pour le dernier point, que rentrer dans les principes du Droit
romain. En dehors de ces idées principales, on peut citer
encore quelques institutions qui durent aussi leur naissance
à la nouvelle révolution ; mais elles sont peu nombreuses et
de peu d'importance (1).

Le projet du Code civil, confié à une commission composée
de jurisconsultes distingués, fut soumis d'abord à l'examen
de tous les grands corps judiciaires qui avaient succédé aux
parlements que la révolution avait détruits, mais seulement
pour avoir leur avis ; ces corps, dans leur nouvelle organi-
tion, devant rester tout-à-fait étrangers au pouvoir législatif.

D'après la constitution qui régissait alors la France à la
suite de plusieurs autres qui n'avaient eu qu'une éphémère
existence, ce dernier pouvoir était divisé entre trois corps
qui portaient les noms de Conseil d'État, Corps législatif et
Tribunat.

Le Conseil d'État était chargé d'examiner préalablement
chaque titre en présence des membres de la commission qui
en avaient rédigé le projet, et d'arrêter après discussion une
rédaction définitive du projet.

Ce projet était ensuite porté au corps législatif par un
orateur qui en développait les motifs au nom du Gouvernement. Le corps législatif devait en faire le renvoi au Tribunat,

_____

(1) Nous ne parlons toutefois ici que du Droit civil proprement dit, car
la science administrative peut trouver dans la grande quantité de lois
rendues après 1789, et dans cette époque qu'on a appelée intermédiaire,
un assez grand nombre d'idées nouvelles et de précédens importants.

autre corps qui n'intervenait que d'une manière purement
consultative, et qui, après discussion dans son sein, délé-
guait un de ses membres pour rendre compte de ses opinions.

Après toutes ces formalités, le corps législatif votait sans
discussion préalable et au scrutin secret (1).

Un quatrième Corps qu'on appelait Sénat conservateur
avait été organisé par la constitution comme un tribunal
suprême auprès duquel on pouvait, pendant les dix jours
qui suivaient l'insertion au Moniteur du décret adopté par
le Corps législatif, exercer un recours pour cause d'inconsti-
tutionnalité.

Après ce délai, si aucune réclamation de s'élevait, la loi
était promulguée et devenait obligatoire.

Trente-six lois, dont se compose le Code civil, ayant été
successivement promulguées de cette manière, il fut rendu
le 30 ventôse, an xii (20 mars 1804) un décret qui les
réunit en une seule, et c'est de ce moment que le Code
doit compter son existence, quoique ses diverses parties
eussent été séparément rendues obligatoires, à partir du
jour de leur promulgation.

C'est l'étude de ce Code devenu célèbre et l'une des gloires
les plus incontestées de la France moderne qui fait aujourd'hui
l'objet d'un enseignement spécial dans les Facultés de Droit.

On se convaincra facilement en en scrutant tous les détails

(1) Les discussions et les discours prononcés par les orateurs du Gouvernement et par ceux du Tribunat à l'occasion de la rédaction du Code
civil, ont été recueillis et peuvent être consultés comme jetant un
grand jour sur les pensées que le texte de la loi était destiné à rendre. Il
convient cependant de ne pas se servir de ces éléments interprétatifs sans
quelque défiance; on y est exposé souvent à prendre la pensée particulière d'un orateur pour celle de la loi, et il y a de nombreuses lacunes
qui peuvent induire en erreur. Les exposés de motifs, faits au nom du
Gouvernement, sont cependant beaucoup moins sujets à cet inconvénient.

que le plus souvent, suivant l'observation que nous avons faite, ses rédacteurs ont reçu du Droit romain, presque partout passé dans les mœurs et les traditions du pays, toutes leurs inspirations. L'influence du Droit coutumier se remarque cependant dans tout ce qui touche aux droits des personnes et à la constitution de la famille, comme la puissance paternelle et maritale, les diverses tutelles ; les dispositions sur le mariage se relient aussi au Droit canonique et à l'influence religieuse.

Le Droit coutumier a également laissé des traces nombreuses dans la partie de la législation relative aux choses pour ce qui touche à la constitution et à la transmission de la propriété. Ainsi les lois sur le voisinage, sur les successions, sur les testaments, sur les donations, sur le contrat de mariage, sur les hypothèques, sur les possessions mobilières sont, ou tout-à-fait, ou sur plusieurs points, étrangères aux origines romaines.

Ces indications manifestent de plus en plus l'intérêt et même la nécessité qui s'attache à l'étude des origines diverses et que nons signalions en commençant ; elles ne doivent pas faire oublier les éléments nouveaux que présente l'état social actuel et qui doivent aussi, d'après une remarque déjà faite, incessamment agir sur la législation, et à la longue la modifier.

Les grands changements dont notre âge a été témoin, la noüvelle ère politique qu'a amené l'établissement définitif de la monarchie constitutionnelle parmi nous, le développement nouveau de la richesse publique devaient introduire dans les lois des modifications inévitables ; déjà le Code civil en a subi quelques-unes, et il s'en prépare de plus importantes.

La prépondérance des traditions romaines dans cette nouvelle période ouverte aux destinées du Droit est devenue plus douteuse, et déjà quelques esprits inattentifs sont allés jusqu'à proclamer leur insuffisance et leur inutilité dans l'état actuel des connaissances et des idées.

Au point où nous a conduit l'étude que nous allons terminer, nous sommes peut-être placés avec avantage pour donner sur cette question, souvent soulevée, une appréciation motivée. Il est évident que le Droit romain ne peut plus prétendre à se combiner comme autrefois avec les éléments politiques en fermentation dans le pays, et à devenir une arme puissante dans les mains d'un parti. Cette cause, qui valut aux anciens jurisconsultes, luttant contre la puissance féodale des succès populaires et qui contribua si fortement à naturaliser le Droit parmi nous, ne se reproduira plus.

Il est certain aussi que dans la voie où semblent s'avancer de plus en plus les sociétés nouvelles, elles ne rencontreront plus comme guide et comme appui les principes posés par le Droit romain; les grands intérêts qui se forment appellent et hâtent chaque jour le développement du Droit et de la science administrative, et le règlement des rapports nombreux qu'établit de toutes parts la richesse mobilière devenue énorme sous la protection fécondante de la civilisation et de la paix. Les Romains n'avaient jamais même soupçonné ces prodiges des temps modernes, et leurs lois n'ont pu dès lors s'occuper de tous les intérêts qui s'y rattachent.

Le régime constitutionnel a aussi introduit dans le Droit public une foule de maximes que la grande unité du pouvoir romain n'avait pu accréditer, et qui trouveraient plutôt dans nos antiquités germaines et féodales leur véritable point d'appui national.

Mais pour tout ce qui touche le sol qui sera toujours en France le grand et le principal intérêt, pour sa possession, sa propriété, sa transmission, pour tout ce qui concerne les relations ordinaires entre les personnes par suite des obligations et de leurs innombrables conséquences, le Droit romain est encore et restera la base de notre Droit civil.

Il faudra l'étudier pour se faire une idée juste de l'origine et du véritable sens d'une foule de dispositions et de contrats qui s'y rapportent.

On y cherchera toujours la véritable science du jurisconsulte qui consiste non-seulement à connaître des textes, mais à les appliquer, à tirer d'un principe posé une foule de conséquences qui ont l'effet de plier à un petit nombre de régles tous les cas qui se peuvent présenter. Sous ce rapport, il n'y a rien de comparable à l'esprit logique et pénétrant des jurisconsultes romains ; peut-être ont-ils poussé jusqu'à l'abus cet art des déductions, et arrivent-ils quelquefois à des résultats subtils que le bon sens français n'admet qu'avec quelque peine ; mais en se défendant de l'excès, il est certain qu'on apprend à leur école à faire fructifier le Droit par le raisonnement pour le besoin journalier de la société ; leurs innombrables décisions servent aussi de modèle et répandent sur les matières qu'ils traitent une grande lumière.

Les jurisconsultes du dernier siècle, qui sont les véritables auteurs de nos lois actuelles, s'étaient inspirés du génie des lois romaines ; ils l'avaient porté même dans les matières dont le Droit romain ne s'était pas occupé, mais qu'ils avaient traitées d'après son esprit ; c'est encore une grande raison pour chercher à se pénétrer de cet esprit : il vit dans nos lois comme la langue romaine vit dans la nôtre, et ni nos lois ni notre langue ne seront jamais pleinement familiers à celui qui ne fera pas du Droit et de la langue des Romains l'objet de ses études et de ses recherches.

Enfin le Droit romain prête aux lois nouvelles qui le reproduisent une grande et imposante autorité, et cet appui est à nos yeux d'un grand prix. Lorsque, comme il est arrivé souvent dans les vicissitudes par lesquelles a passé notre pays, des hommes étrangers à la science du Droit ou dépourvus des lumières que donnent seules l'étude et la

réflexion, s'avisent de porter la main sur nos grandes institutions civiles et ne craignent pas de les livrer avec une
déplorable facilité au changement et à la destruction, le
vieux Droit romain consacré par l'expérience de vingt siècles,
par l'adhésion presque unanime des États européens , enra-
ciné dans les habitudes nationales, se dresse devant eux ,
et contribue à maintenir un édifice auquel presque toujours
il est funeste ou dangereux de toucher.

www.ingramcontent.com/pod-product-compliance
Lightning Source LLC
Chambersburg PA
CBHW062018200326
41519CB00017B/4830